书山有路勤为径，优质资源伴你行
注册世纪波学院会员，享精品图书增值服务

THE NEW **SUCCESSFUL LARGE ACCOUNT MANAGEMENT,**

REVISED THIRD EDITION

成功的
大客户经营

罗伯特·B. 米勒（Robert B. Miller）

[美] 斯蒂芬·E. 海曼（Stephen E. Heiman） 著

泰德·图勒加（Tad Tuleja）

唐国华 译

电子工業出版社·

Publishing House of Electronics Industry

北京·BEIJING

The New Successful Large Account Management, Revised Third Edition by Robert B. Miller, Stephen E. Heiman, Tad Tuleja

ISBN: 9780749462901

Copyright: © Miller Heiman Inc, 1991, 1994, 2004, 2006, 2011

This edition arrangement with Kogan Page

through Big Apple Agency, Inc., Labuan, Malaysia.

Simplified Chinese translation edition copyrights ©2024 by Publishing House of Electronics Industry Co., Ltd.

版权贸易合同登记号　图字：01-2023-0982

图书在版编目（CIP）数据

成功的大客户经营 /（美）罗伯特・B.米勒（Robert B. Miller），（美）斯蒂芬・E.海曼（Stephen E. Heiman），（美）泰德・图勒加（Tad Tuleja）著；唐国华译. —北京：电子工业出版社，2024.6

书名原文：The New Successful Large Account Management, Revised Third Edition

ISBN 978-7-121-47909-0

Ⅰ.①成… Ⅱ.①罗… ②斯… ③泰… ④唐… Ⅲ.①企业管理—营销管理 Ⅳ.①F274

中国国家版本馆CIP数据核字（2024）第102140号

责任编辑：卢小雷

印　　刷：北京天宇星印刷厂

装　　订：北京天宇星印刷厂

出版发行：电子工业出版社

　　　　　北京市海淀区万寿路173信箱　　邮编100036

开　　本：720×1000　1/16　　印张：13　　字数：187千字

版　　次：2024年6月第1版（原著第3版）

印　　次：2024年6月第1次印刷

定　　价：68.00元

赞 誉

LAMP®向我们展示了如何让客户代表与销售团队一起制定客户战略，并帮助我们识别和了解客户的不同角色及看法。这一流程与我们实现销售目标的总体长期规划完全吻合。LAMP®是先进的方法和工具，真正满足了我们的关键需求。

——拉里·米德，AT&T网络系统公司前销售副总裁

LAMP®的一个重要原则就是让大家一起工作和交流、制定战略和销售目标，使我们和客户都能从中受益。

——约塞夫·凯氏，Equifax公司前销售高级副总裁

LAMP®提供了一种方法，使普华永道能够被我们的主要客户视为合作伙伴。它使我们能够更有效地识别和管理客户需求。

——汤姆·比耶尔，普华永道管理咨询服务部前副主席

我们，包括我们的客户，现在正处于知识爆炸的时代！LAMP®有助于我们认识到这一点，这就是好的开始。

——布莱恩·凯茨，加拿大数字设备有限公司前资深销售培训顾问

在资源有限和竞争日益激烈的情况下，经营战略大客户需要专注的战略、计划和流程。LAMP®是由世界一流的销售团队合作开发的，为保护和拓展你最重要的客户关系提供了一个持久的框架。

——戴蒙·琼斯，米勒·海曼公司首席运营官

译者序

毫无疑问，疫情给社会、经济等各领域带来了深远的影响。在后疫情时代，全球经济体系的不确定性和不稳定性会进一步加剧，这为企业生产经营、个人生活等方方面面都带来了诸多的不可预期的挑战。

如今，B2B市场营销领域所面临的困难比以往任何时候都突出，例如，客户缩减预算，客户减少投资（或在投资决策时更加谨慎），对服务商提出更苛刻的要求。一方面，这直接导致获客难、商机少、赢单难、经营难。另一方面，老客户又有提质降费等诸多新的看似"不合理"的诉求。那么，在当下资源有限和竞争日益激烈的情况下，针对B2B企业的营销该何去何从？如何改变思路、转移重点，在获取新客户的同时又服务好存量客户？我相信，这是每位营销领域的从业者都非常关注的。

因此，在这个新的时期，重新关注"经营战略大客户"就变得尤为重要。到底如何经营客户？如何才能把最重要的客户转化成公司的长期资产，为公司源源不断地贡献产出和利润？如何把最重要的客户当作资产来经营，像你的资产一样为公司带来持续的回报？这就如同养母鸡和种果树，只有把它们养护好了，每年才有鸡蛋和果子吃。

本书是作者30多年的研究和众多《财富》500强企业客户最佳实践的结晶，是客户经营领域的开山之作，更是"大师级"的经典书籍。本书自出版至今已经更新了4版，一直保持与时俱进。作者独创的"金表"和结构化、流程化的方法令人顿悟。本书全面阐述了大客户经营的全流程，结构完整、逻辑清晰、案例翔实、落地容易，一经出版就深受全球企业管理者、营销专业人士的一致好评。

从本质上看，经营客户相当于经营客户的战略，核心是帮助客户进行战略落地，这样才能成为客户的战略伙伴，与客户建立长期的合作关系。本书通过4部分（共18章）诠释了大客户经营的全流程。

- 第1部分介绍了大客户经营的基本原则，开篇阐述了大客户经营的八大教训，可帮助你在经营过程中少走弯路。同时，还就如何选择大客户作为经营对象做了详细的阐述。书中还提供了一个真实案例，便于大家理解和应用。

- 第2部分重点介绍了大客户经营的情境评估，从定位双方的合作关系现状及将来发展的方向开始，到收集客户的基础信息，以便全面了解客户的情况。同时，还从关键角色、趋势和机会、优势和劣势、评估总结等方面进行分析和准备，以便更好地了解客户的真实状况，为后续制定战略做好准备。

- 第3部分介绍了战略分析，该部分的核心是从顶层切入来进行分析，介绍了章程声明、经营目标，并考虑了为达成目标所需的投资和经营活动。另外，还需要制定收入目标，在开始行动前进行检查，以使工作能尽可能高效且有效果。

- 第4部分介绍了战略执行，包括执行客户经营计划的方法，对计划的回顾和修正等，并概述了大客户经营流程（Large Account Management Process，LAMP®）的优势。

对于企业高管、市场负责人、销售负责人及销售人员、培训师、赋能工作者来说，本书是一本难得的佳作，能够真正帮助你像经营资产一样经营好大客户，建立战略伙伴合作关系，给企业源源不断贡献业务，提高企业利润。同时，对于高等院校营销专业的老师和学生来说，本书也是不容错过的好作品。

本书能够出版，得益于电子工业出版社的信任和大力支持，在此，特别感谢卢小雷老师给予的巨大帮助！

感谢我的家人在背后默默地支持和鼓励！谢谢你们！

祝广大读者阅读愉快、学习愉快，成为优秀的客户经理，经营好自己的客户，成为最懂客户的人，助力客户成功，从而成就自己！

唐国华

销售人效增长教练

微信：13601107787

邮箱：jeffei.tang@icloud.com

2402335520@qq.com

序

我们生活在一个有趣的时代！

长期的经济衰退和政府预算赤字预示着重大的变化和压力，这使得与潜在客户建立牢固战略关系变得极其重要。每个商业机会都会从"如果我们赢得这个商机，那就太棒了"转变为"我们必须赢得这个商机"。此外，创造新商机的范围从未如此之大，组织不仅要考虑不可想象的事情，而且实际上必须将其付诸实践。正是在这种背景下，本书对于读者而言，将从"如果有时间，我会好好阅读"转变为"我必须好好阅读才能最大限度地获得成功"。

在G4S护送和安保服务集团，我们认识到，我们的未来取决于与客户建立真正的战略合作伙伴关系，在了解并预测需求后，系统地开发解决方案并实现这些目标。我们还认识到，有必要采用一种容易理解的方法，并将其融入整个组织的文化、流程和语言中。

考虑到这些，我们与米勒·海曼公司进行了接触，对其精心创作的"金表"和结构化方法，以及发人深省的本质印象深刻。从那时起，大客户经营的理念被引入我们业务的各个部分。正如预期的那样，LAMP®的结构使我们重新审视了现有的业务流程，增加了严谨性，有时还会带来不同的优化视角。

在具有挑战性的运营环境中，对于一家通过长期合同来提供卓越服务的企业来说，该模式改变了我们的方法，有助于将发展纳入整个组织。

最近的一个例子是，我们知道一个预算相当大的政府项目将被刊登在

《欧洲日报》上。LAMP®金表为投标团队提供了整理和收集所有必要信息的战略方向。金表成了投标办公室的中心点，因为这使投标团队能够准确了解客户的当前情况。该方法使我们能够标记参与该过程的所有关键客户、可能的竞争对手，以及最重要的信息——我们和客户的最终目标。

要成功开发大客户，需要在了解客户、建立关系、创建团队，以及制订确保盈利业务所需的行动方案方面进行大量投资。对于G4S护送和安保服务集团来说，LAMP®强化了我们的关注点，并使整个组织成长壮大，从而以对我们和客户都有利的方式加深了双方的关系。

达尔文曾说："生存下来的不是最强壮的物种，也不是最聪明的物种，而是最能适应变化的物种。"未来的座右铭也许会变成："组织生存下来依靠的不是最低价的合同，也不是最好的个人关系，而是能够预见客户环境的变化，并积极支持客户应对变化的能力。"

戴维·班克斯（David Banks）

G4S护送和安保服务集团董事长

前言

回归增长

增长不仅仅是你的事，更是支持客户成功的坚定战略。

——萨姆·里斯（Sam Reese），米勒·海曼公司总裁兼首席执行官

公司面临前所未有的竞争压力。全球化、兼并和收购、利润率下降、外包、技术革命、客户群萎缩等，这些及其他变化给管理者，特别是给经营战略客户的人带来了前所未有的挑战。然而，比以往任何时候都更重要的是维护和建立与关键客户的关系，这对于维持公司的生存和发展所需的盈利状况至关重要。

有两种方法可以保持健康的盈利状况，即降低成本或提高收入，当然，理想情况是两者兼有。但是，到目前为止，主导企业战略的第一种方法，即降低成本，已经达到了回报的极限阶段，因为组织意识到任何一家公司都只能削减有限的额外成本。因此，第二种方法，即提高收入，正迅速成为当务之急。在认识到收入是组织的生命线后，经理越来越多地遵循"回归增长"的轨道。

对于公司而言，有两种方法可以增加收入。拓展新市场和开发新客户，或者优化现有客户的业务。这两种方法本来是互补的，但由于全球竞争严重限制了市场扩张，领先的公司正专注于第二种方法，即寻求优化现有客户的业务（开发尚未开发的潜力）。对于传统的基准，即公司50%的收入来自5%的客户，领先的公司非常警惕，它们正专注于这一关键的5%的客户——这些客户被公司定义为关键客户、战略客户或"大客户"。即

使小公司也在遵循这种模式，将重点放在那些对它们来说至关重要的关键客户上。

有两种方法可以改善与大客户的业务。传统方法是尽量出售更多的产品，并相应地获得增量收入。一个更可靠的方法是与客户建立关系，为客户带来价值，这是通过长期收入增长来衡量的。事实上，组织成功的唯一"秘诀"是，为确保关键客户的成功做出你的贡献。

本书展示了如何做到这一点。它总结了米勒·海曼公司在经营战略客户方面数十年的经验，详细讨论了在全球知名的LAMP®内训工作坊和公开课工作坊中提供的内容。例如，它解释了：

- 为什么你必须像经营"外部资产"一样经营你的大客户。
- 如何确定一个可经营的业务领域或业务单元。
- 为什么差异化是客户感知的功能。
- 如何抵制不断被推进的商品化进程。
- 如何起草一份获得客户认可的章程声明。
- 如何协调定性目标和定量收入。
- 如何优化有限资源的配置。
- 如何提供确保长期成功的客户价值。

如今，对可靠的客户经营流程的需求比以往任何时候都更加迫切。如果你对此表示怀疑，试着找一家客户流失率低于30%的银行或一家不担心客户流失的电信公司了解一下。营销专家估计，在这个世界上，重新获得一个不满意的客户的成本是留住一个满意客户的6倍。显然，维持市场分析师——弗雷德里克·赖希霍尔德（Frederick Reichheld）所说的忠诚效应已成为当今企业成功的关键。

二十年来，在米勒·海曼公司，我们一直通过本书中描述的LAMP®来推广忠诚效应。当我们首次引入这一流程时，很少有客户拥有健全的战略客户经营流程。如今，根据战略客户经营协会的统计数据，大约2/3的公司实施了战略客户经营（Strategic Account Management，SAM）计划，但其中许多公司仍在努力实现这些计划的真正回报，因为它们缺乏经营大客户的连贯流程。正是务实地遵循这一流程，才使LAMP®与众不同。

我们已经将LAMP®传授给了全球数千名客户经理，他们的反馈毫无疑问地表明：这种以流程为导向的方法获得了回报；更好地渗透现有客户；更好地保留客户；更好地利用内部资源；更好地定位"买—卖"层级结构中有价值的战略合作伙伴。这就是为什么各大组织仍在向我们的课堂源源不断地输送最优秀的员工。

虽然给这些客户培训的LAMP®的基本原则是不变的，但在一个目标不断变化的世界里，我们必须适应这种变化，否则就要被淘汰。因此，随着商业环境持续动荡，我们做出了回应。我们倾听了客户的意见，就像我们建议他们倾听其客户的意见一样，并不断从他们的经验和反馈中获益。我们也听取了我们自己的销售顾问的意见，了解LAMP®的哪些概念需要迭代，以及哪些概念需要澄清。我们将客户和销售顾问的意见融入流程改进。因此，如今的LAMP®比以往任何时候都更加具体和实用。

我们从客户和同事那里获得的一个关键见解是，为了保持客户关系投资的高回报率，你必须向你的主要客户清楚地阐明，你经营他们的客户是为了互惠互利，为了他们的业务强劲增长，而不仅仅是你自己业务的增长。我们认为这一见解非常重要，因此我们将其作为本书的基本前提。

LAMP®的基本前提

为了与关键客户建立长期的盈利关系，你必须为他们的盈利能力和他们的客户关系做出持续的、可衡量的贡献。

LAMP®所提供的，以及你将在本书中了解到的内容，是一种系统化的方法，用于定义和利用你所需的资源，以确保你和你客户的业务蓬勃发展。

本书建立在来自企业客户的许多其他有用的见解之上。用他们自己的话来说，这些"流程专家"中有无数人将LAMP®应用于他们自己面临的客户经营挑战中，这些挑战分布在金融、电信和零售等不同的战略领域。你还将看到LAMP®的灵活性，它不仅适用于《财富》500强这样的大企业，而且适用于中小型企业，其中许多企业已经能够利用其原则在强大的竞争对手面前获得优势。

无论其规模和市场如何，所有的企业都需要保护它们的大客户"资产"。它们需要提供真正的客户价值，否则将面临被"定位"为商品供应商的风险。它们需要适当投资于战略客户关系，这是防止客户流失的唯一保障。LAMP®帮助数以千计的客户解决了这些基本需求，并在多个行业中得到经验证和可量化的结果。

在本书中，我们介绍了这个独特的客户经营流程，它反映了数千名经验丰富的客户和同事的洞察与见解。非常感谢这些客户和同事，在"回归增长"已成为生存口号的时代，我们将其作为21世纪的商业常识——一个考虑客户、客户关系和竞争优势的模型。

目 录

第2部分　情境评估

第4部分　战略执行

第1部分

基本原则

第1章
客户经营八大教训

> "唯一不变的就是变化。
>
> ——赫拉克利特斯（Heraclitus）

在过去的几十年里，出现了自17世纪科学革命以来最令人难以置信的技术奇迹，这改变了客户经营。移动设备（如笔记本电脑）、呼叫中心和网站不再是可选项。它们被公认为是21世纪必不可少的工具。如果你今天没有这些工具，你可能就没有生意可做了。

然而，与供应商希望我们相信的情况相反，新技术本身并没有提供竞争优势。事实上，信息和通信技术系统的无处不在意味着拥有这些工具仅仅是拿到了入场券——你的公司甚至需要参与其中。因此，如果今天要争夺大客户的收入，你就必须依靠最新一代的IT产品和服务之外的其他东西。

"其他东西"有多个相互关联的方面，但有一条主线将它们联系在一起。那就是，在当今要想获得竞争优势，尤其是在针对大客户或"战略"客户时，关键的差异化因素是建立客户关系的能力，从而随着时间的推移能为客户带来可以量化的价值。从某种意义上说，这并不是什么新鲜事；为客户带来价值一直是成功的关键。但是，我们现在必须这样做的环境已经发生了变化，而且这些变化与技术的关系微乎其微。

这些变化给商务专业人士带来了重大挑战，在本章的开头，我们将详细介绍最重要的变化。作为客户经理或团队成员，在开始起草接触大客户的计划之前，你需要考虑这些"实际的变化"。在这里，我们把它们作为八个重要的教训呈现给大家。

教训一：技术改变一切

虽然好的客户经营和好的销售一样，始终依赖于有效的信息管理，但在当今高度互联、信息饱和、无线连接的环境中，这一要求已被推到了一个全新的水平。现在不仅有比以往任何时候都多得多的信息，而且这些信息是实时的、无处不在的。现在，由于有谷歌、雅虎、百度及一系列其他知名的或不知名的数据库和搜索引擎，最新的市场进入者可以在几分钟内获得丰富的客户数据，而这些数据在过去需要数天的时间才能获得，并且这些数据是在有网络以前销售人员和营销团队梦寐以求的。这意味着只需投入很少的时间或资金，最新的市场进入者就可以获得与你同样多的有关客户的公开信息。

当然，私人信息是另一回事，如何获取这些信息是本书的重要组成部分。但就公共领域而言，除了少数例外，了解企业的运作方式从未如此简单——企业的高管在担心什么，企业正在调研什么市场，企业在哪里受到竞争对手的"攻击"，以及企业正准备推出什么新产品。所有这些信息都可以通过单击鼠标提供给你、你的竞争对手，以及所有新的潜在"玩家"。

还有一个残酷的事实，就是你的客户同样也可以获得这些新信息。他们正在利用这些信息来研究你的能力，并将其与你的竞争对手进行比较，这给谈判带来了比以往任何时候都要复杂的状况。在20世纪90年代的繁荣时期，你很容易就能获得的那些客户都是在当时缺乏资源和数据的客户，而现在，他们完全有能力利用这种情境来获得他们的竞争优势。

因此，网络开发人员喜欢吹嘘的信息财富给客户经理带来了机遇，同时也带来了挑战。这是一个比十年前开放得多的领域，但在这个领域中，技术提供的纯粹信息量本身就可能成为一个问题。因此，为了帮助你从海量信息中挑选出有用的信息，而不是仅仅为了收集数据而收集更多数据，你需要一个信息管理系统，以帮助你将所有碎片化的数据转换为可用的业务知识。

教训二：技术什么也没有改变

我们所说的信息管理系统不是指软件。也许互联网时代最大的错误就是认为技术本身会让我们变得富有。为了实现这一梦想，一家又一家公司在软件上投入巨资，这些软件旨在"自动化"销售和营销过程。首先是销售自动化（Sales Force Automation，SFA），其次是客户关系管理（Customer Relationship Management，CRM），然后是企业关系管理（Enterprise Relationship Management，ERM）。一些公司在开发这些新系统上做得很好，但令人震惊的是，这些系统中有很大一部分都失败了，导致大量IT投资几乎没有回报。

系统失败有三个相关原因。首先，采购这些软件系统的公司相信这些软件会以某种方式自动运行，因此没有购买CRM供应商提供的辅助服务——集成辅助服务、数据清理服务，以及最重要的培训服务。其次，缺乏培训，这导致那些持怀疑态度的销售人员和市场人员认为，新的"自动化"软件只是另一个噱头——需要他们输入数据，却得不到任何回报。所以他们没有使用它——这一现象在硅谷被称为"用户采纳问题"。最后，许多公司沉醉于CRM系统带来的表面结果和速度的改变，未能分析正在自动化的流程，因此它们得到的是同样的销售错误，而且速度更快。

这个教训不是要避免使用CRM软件或任何其他技术。正确地使用软件系统也可以像信号清晰的手机或宽带连接一样，能够成为有效的客户经营工具。但仅此而已。因为软件系统不能把一个不称职的销售人员变成一个销售高手，就像一副200美元的高尔夫球杆不能把一个5岁的孩子变成

"老虎"伍兹一样。所以，结果从来不是由工具本身决定的，而是由专业人士有效使用该工具带来的，他们遵循一个可复制、经过测试的流程来确保成功，而且他们知道，你的工具箱无论多么复杂，仍然是由有效管理客户关系来推动长期业务的。

当然，这是一个古老的教训。二十多年来，我们一直在所有课程中教授它。它值得重复，因为今天也许比以往任何时候都更需要好的工具来保持竞争优势，而且技术带有欺骗性，你也许会认为技术会帮助你做这项工作。因为我们知道技术不会这样做，所以我们在本书中，就像在我们的课程中一样，专注于定义一个可推广的客户经营流程——一个建立稳固、互惠关系的流程，无论你采用何种技术，都可以为其提供支持的流程。

教训三：客户仍在掌控

在互联网的早期，一些乐观的电子商务拥护者预测，迟早有一天，所有交易都会转移到这个低成本渠道，而延续几百年的实体模式将变得过时。事实上这种情况并没有发生，这告诉了我们一些关于客户心理的重要信息——这对大客户经营有着巨大的影响。

互联网交易给人们带来的与其说是对他们习惯性买卖行为的替代，不如说是一种选择的拓展，这也解释了互联网交易的受欢迎程度。有时客户会上网进行购买，像亚马逊这样的先驱网络业务领袖通过提供这项服务而建立了自己的声誉。但现实是，即使一些领先的线上销售公司，像电子经纪公司查尔斯·施瓦布（Charles Schwab），仍然有很大一部分交易是在线下进行的，有些人更喜欢在线下分支机构进行交易。此外，一些客户将网络作为搜索工具，收集有关潜在采购物品和潜在供应商的数据，以帮助他们做出更明智的采购决策。并不是所有的采购决策都支持在线购买。

事实上，在过去的几年里，最明显的案例就是航空公司和酒店的客户，他们已经能够熟练地把网络作为讨价还价的工具。在有了较低的网上报价后，他们可以更有效地在实体店里要求更大的折扣。类似的采购策略也适用于B2B业务，线上竞拍极大地加剧了企业的竞争。

无论你是关注个人消费者还是大客户，结果都是一样的。尽管今天的业务中只有相对较小的一部分是在线上进行的，但网络仅仅作为替代交易渠道的存在就提高了所有渠道供应商的"赌注"。对企业来说，无论是线上还是线下，一个严峻的事实是，互联网让客户变得更挑剔，要求也更高。因为他们已经习惯了线上的实时、个性化和更便宜的响应，所以无论在哪里开展业务，他们都希望获得同等水平的速度和服务。计算机时代最大的讽刺之一是，机器让客户更加坚持个人响应能力。

因此，对于所有企业来说，"客户永远是正确的"这句老话显得尤为紧迫。如今的客户已经被网络"改造"了。他们更了解情况，更了解自己的选择，因此他们比以往任何时候都更具备能力。根据HR Chally Group的研究，当客户被要求指出供应商的缺点时，他们最大的抱怨就是销售人员不了解其业务，这一事实使B2B业务中的问题更具挑战性。这可能会对客户的接受度产生负面影响。而且，在我们大多数人都不愿意承认的情况下，这意味着所谓的忠诚效应只是一种转瞬即逝的现象。

事实上，客户流失或"背叛"在任何领域都是一个主要问题。在创造了这个词的电信行业，这种情况尤为严重。我们的客户格德·霍姆斯（Ged Holmes）在担任英国移动网络领导者O2的业务销售主管时实施了LAMP®，他列举了电信行业"惊人的"客户平均流失率：18%～24%。他说："电信运营商只有通过对客户采取极为严格的管理方法，才能将流失率控制住。你必须意识到，你的工作不是写新合同，而是维持现有业务的盈利能力。在一个以客户为中心的世界里，这是一个持续的挑战。你能满足它的唯一方法就是响应客户的咨询服务需求。这不是为他们提供更多的技术，而是使用技术来帮助他们规划未来。"

教训四：入围供应商名单越来越短

供应链管理的兴起，无论是作为一种技术，还是作为一种商业战略，都从根本上改变了供应商的经营方式。十几年前，你的提案可能主要基于内在优点来评判：价格、产品声誉、是否符合投标申请书的规范、能否在截止日期前交付等。今天这些已经远远不够了，当今的领先公司正在系统地衡量与竞争对手供应商开展业务的总成本，并正在向越来越短的入围供应商名单迈进。这种有意识地减少供应商数量的情况正在全面发生，无论所需费用是否包括通信网络、办公用品或潜在的外包人力资源职能。

对于任何试图经营大客户的人来说，供应链管理的广泛采用意味着采购已成为销售过程中的一个核心因素。随着采购专家寻找更巧妙的方法来削减成本，自然的趋势往往是朝商品化的方向发展。这种趋势越来越科学化。公司不仅依赖后台自动化系统来降低日常采购中的人员成本，许多欧洲公司现在还利用采购机构的资源，来帮助它们合理化供应链管理流程。大型公司通常拥有庞大的采购部门，由高层管理者专门负责降低成本。

LAMP®客户、领先油田服务供应商Baker Atlas的全球销售总监唐·麦克尔维（Don McKelvie）说："采购专业的出现，至少在一定程度上是并购热潮的结果。"他指出："在收购过程中，许多石油公司的支出超过了被收购公司资产价值数百万美元。向华尔街表明由此产生的协同效应证明了它们的投资是合理的，一种方法是迫使供应商提供批量折扣。这就是超级巨头和一些大型独立石油公司雇用数百名员工来管理采购的原因。这给供应商带来了挑战，因为一些采购部门通过将供应商推到'商品供应商'的位置来证明它们的存在。"

在新的采购驱动的世界里，摆脱"商品供应商"地位是一个重大挑战。我们将在本书中讨论这一点，尤其是在第4章中，当我们谈到维持你在买—卖层级结构中的位置时。

教训五：与销售无关

在一个所有买家都努力驱使你走向"商品供应商"的舞台上，专注于单笔交易只能维持当下的状态。为了确保在当今的大客户领域取得成功，甚至生存下来，你必须将目光投向未来3～4年，并着眼于建立长期业务关系，而不仅仅是抓住今天的"机会"。原因简单且合理：快速的系列赢单会让你被认为是目光短浅的，而为客户的长期利益工作有助于确保客户的忠诚度。在今天的环境中，客户留存是"游戏的主题"。

比尔·克莱蒙特（Bill Clement）是西门子楼宇技术公司的发展总监。他很好地区分了真正以关系为基础或以客户为中心的公司和他称之为"机会主义者"的公司。他说："在一家'机会主义者'的公司里，你最多只能一个季度接一个季度地工作，有时甚至从一笔交易到另一笔交易，或者在我们这个行业里，我称之为从一个项目到另一个项目。"换言之，你专注于单一的销售机会，而这往往会让你成为最糟糕的机会主义者。当以这种方式处理业务时，你很难利用你的成功，因为你没有把你正在建立的关系视为更大的客户经营管理全景图的一部分。克莱蒙特坚持认为，如果没有这样的全景图，世界上最好的项目管理只能带来有限的回报。

原因是，在当今的大客户经营中，成功的公司帮助其客户经营业务，而不仅仅是购买物资或使用服务。任何好的LAMP®的总体目标都是确保目标大客户获得更好的业务回报。这意味着不要将重点放在你的客户身上，而是关注客户的客户——使你的大客户成功的客户或消费者和其他利益相关者。这意味着定期询问特定的计划或销售如何与大客户的整体业务战略相关联。

益百利前销售总监内维尔·西布里奇（Neville Seabridge）在谈到信息时很好地阐述了这一点："企业拥有大量关于客户的信息，包括市场营销信息，但他们很少有足够的关于客户自身市场营销问题方面的信息，这是一个需要关注的重要领域。因此，真正的挑战不是向客户组织销售产品，而是了解他们的痛点、他们在客户留存方面的问题，并提供这些问题的解决方案。"

任何真正双赢业务的核心要点是，你的成功取决于客户的成功。不是为了一个季度的成功，而是为了长远的成功。随着时间的推移，企业之所以成功，是因为它们为客户的业务增加了价值，同时实现了自己的价值。只有实现了互惠互利，才有理由继续投资于一段关系。对于许多必须每季度向股东负责的高层管理人员来说，这是一个难以付诸行动的教训，尤其是在市场动荡的情况下。他们中的一些人认为，长期客户经营是他们对继任者职业生涯的投资。这仍然是一个有效的教训。供应商名单的缩短使其成为一项更加紧迫的任务。

教训六：客户经营就是业务经营

以前，"客户经理"经常被轻视，人们认为其职责就是管理那些要求相对不高的后续工作和服务非创收任务，如处理投诉电话、与客户共进午餐和提供文档。如今，在顶级公司，只有在你证明了自己在销售领域的有效性之后，你才能管理大客户。你有专门的职责来监督与客户关系的各个方面，包括利益和关系方面。你可能在客户的办公场所有一间办公室，并在那里"生活"一段时间。你在自己的组织中是客户的拥护者，以至于在一些公司，高层管理人员有时会怀疑你是不是"公司的员工"。事实上，你知道，你必须管理好公司对你的忠诚度的看法——永远不要向大客户承诺任何你不确定公司是否愿意交付的东西。

事实上，作为当今的大客户经理，你的角色与其说是销售人员，不如说是业务发展专家或总经理，这些角色需要的技能与大多数销售人员所拥有的技能大不相同。你管理着一个专业团队，他们的职责和你的职责一样，几乎完全集中在一个客户身上。从真正意义上讲，这个客户是你的外部资产——一个母公司的扩展业务单元。因此，你已经超越了销售。你的薪酬和影响力反映了你的高级职位。公司对你的期望也是如此。你的销售额反映了你所管理的"业务"的重要性。你可能对利润负有责任。你有足够的资源来完成这项工作，而且可以自己说了算。

这种情况在许多《财富》500强和其他领先公司中已经成为现实，注定会变得越来越典型。未来的趋势是明确的：大客户经营正在成为一项高级管理职能，其驱动力来自执行愿景和适当的资源分配。大客户经营致力于建立关系，在某些情况下发展为实际的合资伙伴关系，并在所有情况下都必须提供真正的客户价值。只有这种方法才能防止客户流失。如果你的公司没有朝这个方向发展，那么你已经落后了。

教训七：独行侠消失了

当我们在20世纪80年代末开始教授LAMP®时，只有惠普和AT&T等少数大型公司利用特定团队的综合技能来管理与大客户的持续关系。如今，这已成为多个行业的最佳实践。过去，一个人可以把客户的所有相关信息都保存在大脑里，并将其作为自己的"私人地盘"来管理，这样的日子已经一去不复返了。如今，客户经营需要跨职能团队的协同努力，不仅包括销售人员，还包括来自支持和服务领域的人员。关于这些团队，有四点很重要，需要记住。

第一，除了一个核心成员，团队通常由临时成员而非永久成员组成。由于团队是为了满足客户在动态环境中的需求而设计的，因此其组成和成员的责任必须是灵活的。一旦团队被锁定在公司组织结构图上的固定位置，它就失去了响应客户需求的能力。今天，客户经理面临的主要挑战之一是如何协调这些灵活团队的活动。

第二，最好的经营客户的团队要与客户团队紧密合作。今天，团队最佳实践意味着定期与大客户合作，以了解其不断变化的需求，并让你的员工与客户中的适当人员面对面交流，以快速、有效的方式响应需求。

第三，因为员工只会有效地完成他们被奖励去做的事情，所以大客户团队的薪酬结构必须对所有团队成员的不同投入做出回应，而不仅仅是奖励在季度末加入并达成大交易的"超级巨星独行侠"。大客户经营不是"销售职能"。如果你想让它发挥作用，你必须奖励每个做出贡献的人。

第四，团队必须拥有内部资源和权力，才能作为资源提供者为客户服务。为了有效地做到这一点，团队必须有高层管理人员的支持和跨部门影响力，以在客户需求出现时立即满足客户的需求。这就是为什么在许多公司中高层管理人员充当积极的团队成员，经常与客户方面的高管同行会面。如果没有高层管理人员的参与，团队很容易陷入承诺过度而交付不足的致命陷阱。这就是LAMP®的一大优势。用一位客户的话来说，"LAMP®是我们公司见过的最好的内部资源整合工具"。

教训八：你还什么都没看到

最后一个教训，虽然它特别谈到了过去十五年的重大变化，但也可以追溯到我们在第一个项目中确定的一个原则，即战略销售。无论你今天身处何方，都不足以让你在前进的道路上继续前行。变化将继续是唯一不变的，变化的步伐将继续加快。因此，一个好的客户经营计划的绝对必要条件是，拥有足够灵活的流程规划工具，不仅能应对你已经面临的挑战，还能应对你尚未想象到的挑战。

信息技术专家都喜欢引用摩尔定律，这是英特尔联合创始人戈登·摩尔（Gordon Moore）定义的一条经验法则，其核心内容为集成电路上可以容纳的晶体管数量每18个月到24个月便会增加一倍。且不说这一预测有多准确，但它指出了一个极其重要的事实，这一事实远远超出了晶体管数量翻倍的细节。那就是，在一个由信息和通信技术主导的世界里，变化是指数级的，而不是算术级的。这意味着无论商业环境变化多么迅速，我们还什么都没看到。

我们无法比其他任何人有先见之明，能告诉你未来十年会发生什么变化。但可以肯定的是：在一个呈指数级变化的世界里，你需要灵活的工具来帮助你应对明天的挑战，无论挑战是什么。我们在本书中描述的规划过程是其中不可或缺的工具之一。

第2章
选择大客户

> "选择服务正确的战略客户,就有很大的机会提高利润。
> ——莎莉·谢尔曼(Sallie Sherman)、约瑟夫·斯佩里
> (Josrph Sperry)和萨缪尔·里斯(Samuel Reese)

什么样的客户才是"正确"的战略客户?在为公司贡献关键收入的大客户中,如何确定哪些客户是建立战略合作伙伴关系的最佳候选人,从而进行LAMP®分析?传统上,米勒·海曼公司通过给出定性和定量的定义来回答这个问题。

从定性的角度看,我们已经说过,"大"意味着重要——无论你如何衡量,对你和你的企业都很重要。从定量的角度看,我们对标了一个统计模型,一个一直以来在多个行业中都适用的模型,即任何企业5%的客户通常会贡献至少50%的业务。我们已经说过,定量的定义强化了定性的定义。如果一个客户属于5%的"核心"客户,无论其规模大小,对你的企业都是至关重要的,它显然提供了一个你不能忽视的机会。

今天,虽然重要性和"5%模型"仍然是有效的标准,但如果在客户选择方面有更加具体的标准将是非常有帮助的。在一个利润率已经非常微薄的大环境中,客户为供应商提供增值解决方案的压力越来越大,你需要全方位的选择标准来帮助你确定对公司最重要的客户,而不仅仅是依靠统计基准和你自己的直觉,无论你认为这些多么可靠。在21世纪,你需要可靠

的选择标准。遗憾的是，尽管现在书架上堆满了大量的细分指南，但许多认识到大客户重要性的公司仍然对如何确定最佳的战略客户的概念非常模糊，甚至在某些情况下采用的是适得其反的概念。

如何选择大客户

在某种程度上，这种混乱是由组织的复杂性造成的。在一家公司里，可能有20人与每个大客户协同互动。如果有200个大客户，就很难在整个组织及不同细分市场就大客户选择标准达成共识。因此，对于那些试图开发战略客户的公司来说，起草一份类似于10岁孩子的圣诞节愿望清单的选择标准就变得很常见的了。

无尽的愿望清单。例如，在我们与S4咨询公司进行的一项调查中，一位客户列举了150个用于战略客户选择的不同标准。这些标准中有的是显而易见的，如收入潜力和竞争优势，也有的是相对神秘的，如"共同的原材料基础"和"潜在的流程整合"。即使这150个标准中的每一个对公司中的某个人来说都有意义，但在整个公司范围内，这些标准太多了，无法发挥作用。因此，当你考虑选择一个客户作为大客户经营时，首先要确保团队中所有参与该客户经营的成员都接受你使用的选择标准。换句话说，大家都认同这个客户很重要。要做到这一点，标准越少越好。

每个客户不可能都是"战略客户"。在过去"销售数字为王"的时代，指导原则是所有收入都是一样的，不存在业务的好坏或不受欢迎的客户。这在今天听起来很可笑，而且已经过时了。但传统很难消失，许多摒弃了"任何业务都是好业务"这一理念的组织仍然抱有这样的想法：所有的客户——不管怎样，所有的大客户——都应该被视为"战略客户"来经营。在资源有限的世界里，这是不可能发生的。试图做到这一点不仅会损害"像对待国王一样对待每个客户"的做法，而且会损害对那些真正的战略客户的适当经营。最重要的是，这会激怒中间层客户，你说会把他们当作大客户对待，但后来发现你根本做不到。

《管理战略客户的七个关键》一书的作者说，试图把注意力集中在太多的客户身上是浪费宝贵资源的绝佳方式。O2公司前管理销售主管、LAMP®专家盖德·霍姆斯（Ged Holmes）对此也表示赞同。他说："当你管理一个拥有大量客户的区域时，你必须采取一种精简的方法，这样员工就不会为超出他们所能处理的范围而进行大客户规划。我们发现，销售代表负责五个客户或十个客户是合适的，这样你仍然可以专注于少数几个客户，而且是能带来利润的客户。超过这个数量，情况开始变得不可管理且难以控制。"

当然，使用过多的客户选择标准和选择太多的特殊待遇客户之间存在联系。你使用的标准越多，基于一个标准而具有边际价值的客户就越有可能看起来像基于另一个标准的潜在合作伙伴。这就是为什么你需要把选择标准细化到"最好的几个"。

收入不是一切。常识可能会告诉你，无论你使用什么标准，最好的几个标准中的第一个应该是收入。然而，常识可能是错误的。当然，收入很重要，但这只是众多标准中的一个——从逻辑上和实践上来说，收入必须包括增强品牌认知度、更大的市场渗透率和可持续盈利能力等内容。想象一下，如果有一些大客户，他们要求不合理地占用你有限的资源，这导致服务成本过高，或者他们在"软性"层面上给你的员工带来心理压力。把过多的精力投入到这种高收入客户身上有意义吗？也许有意义。但在断定这类客户"显然"值得特别对待之前，最好先计算一下该业务的间接成本。有时，收入增加可能导致投资回报率下降。

获得蓝带奖的一流客户也不一定是战略客户。并非每个家喻户晓的客户都一定是大客户待遇的候选人。保险和风险管理领导者怡安公司的前全球和战略客户发展总监帕特里克·托马斯（Patrick Thomas）这样说："有时候，你做的分析越多，你发现的潜在问题就越多。虽然《财富》500强的客户确实有很多钱可以支付咨询费和顾问费，但他们一点情面不讲，他们需要确切地知道自己的钱能得到什么。如果你不能谨慎地处理好这段关系，你可能发现自己面临巨大的损失。"

当聚光灯让你眼花缭乱时，请记住以上这一点。我们都看到过这样的例子：一个知名品牌企业要挟其较小的供应商，期望能够得到特殊对待。事实是，对于每个因为大品牌或大企业在其客户名单上而享受市场份额大幅增长的小供应商来说，必须向股东解释为什么有如此知名的客户还会亏损。对于知名企业和财大气粗的企业来说，教训是一样的：只有当一个客户像对待皇室一样对待你时，它才应该得到皇室一样的待遇。

这是一把"双刃剑"，给我们带来了最重要的教训。在米勒·海曼公司，我们建立了倡导双赢理念的声誉，这一理念与大客户经营直接相关，因此也与大客户选择直接相关。关系对等是大客户选择的一个关键特征，因为只有那些价值得到供应商和客户认可的关系才是真正可持续的。如果任何一方不能理解这一价值，那么关系就会变得不平衡，保持双赢的努力将不可避免地动摇。

因此，在确定哪些客户应采用大客户经营方法时，你必须首先评估当前或潜在的相互关系。这意味着除了评估战略关系能给公司带来什么利益，你还必须花同样的时间来评估这种关系能给客户带来什么利益。你必须从客户的角度来做这件事。这说起来容易做起来难，因为在寻找大客户时，大多数人都太急于抓住机会，且太过于乐观了，认为我们所看到的增值对客户来说也是显而易见的。通常，情况并非如此。

想要确定与特定行业的战略关系是否会为公司带来价值是非常困难的。而确定它是否能为特定行业带来利润更加困难，因为只有特定行业的人才能给你答案。我们将在本书中讨论持续评估客户认知的必要性，我们也将为你提供进行此类评估的指导方针。这里只需说一句，除非你确切地知道特定行业的人认可这段关系的价值，否则称他们为大客户就如履薄冰，风险太大。

这都是企业在选择大客户时所犯的常见错误。那么如何才能做对呢？在米勒·海曼公司，我们通过鼓励客户连续做以下三种类型的客户分析来回答这个问题。

- 首先，初步诊断，我们要求他们不要选择那些明确能 "赢" 的客户，而选择那些看起来有点"离谱"的客户，即收入或关系或两者都表现不佳的客户。我们建议这样做，以避免将大部分注意力集中在轻松销售的常见"策略"上，这种方法很少能持续建立业务关系。
- 其次，我们要求他们对客户名单进行投资组合分析——根据绩效和潜在绩效标准评估客户，重点关注那些最有可能提供LAMP®支持的长期盈利关系的客户。
- 最后，我们要求他们聚焦于大客户中可经营的部分，即业务领域。

初步诊断

好的大客户分析可以帮助企业更好地组织信息，从而使混乱的局面变得清晰。因此，当你的客户信息模糊，尽管从客户处获得的收入不错，但你对客户的发展方向感到困惑时，这时流程尤其有价值。应该认真对待内心的不确定性，我们建议，当你读完本书时，首先选择一个不太完美的客户，然后围绕这个"灰色"客户开展工作，这不仅会让你收获更多，而且这是你最需要的客户类型。当你忽视了自己的感觉，即认为"有些事情"不对劲时，你也会很容易发现自己落后了。因此，在确定"应"进行LAMP®分析的大客户时，你应该首先将潜在问题暴露出来，以免它们变得失控。为了帮助你进行这种预防性诊断，我们建议你问自己以下五个问题。

1. 你对该客户的规划是否存在任何不一致之处，无论是在区域上还是

在时间上？你和公司是否有一致的计划来处理客户不同区域（或国际）的业务部门？你了解这些业务部门是如何组织在一起的吗？或者，母公司的组织架构和采购流程有时看起来像无法穿越的迷宫？时间表呢？你的客户规划是否显示出从一个季度到下一个季度的有目的的演变？如果本季度的计划与上一季度的计划完全相同，那就很好地证明了你的战略存在一些无效之处。如果每个季度的计划与之前的计划几乎没有任何联系，那么情况也是一样的。

2. **你的客户战略是否会对公司的收入和盈利能力产生积极而无可争议的影响？**你的战略和客户贡献的收入之间有什么关联？你能记录下这个关联吗，还是你仅仅在猜测？你是否清楚地了解客户是如何变"大"的？还是只是因为趋势"走到了那一步"？也许最重要的是，你对该客户采取的战略对其收入有正面影响吗？如果到目前为止，你建立的关系没有对客户的利润产生任何影响，那么该客户可能是LAMP®分析的最佳对象。

3. **公司审查和衡量客户计划的系统有多可靠？**如果客户计划有效（或无效），公司需要多长时间才能知道？你跟踪客户单个业务目标进展的频率和方式如何？如果一个既定的目标被证明是不现实的，你能重新组织并迅速调整吗？你是否有让你的重要客户参与目标验证的流程？或者，你有时会犹豫不决，独自计划中途修正，但为时已晚？

4. **你是否曾经缺乏做这项工作的预算？**你的客户计划与所需资源之间是否存在合理的一致性？公司的高层管理人员是否明白，这个大客户不仅对你的成功至关重要，而且对公司的成功至关重要？这个大客户的预期投资回报证明了提前投入资源是合理的吗？这些资源一旦投入，是否得到有效分配？如果一个客户显示出"因小失大"的资源分配，那么它可能是大客户分析的最佳对象。

5. **你的处境是否不安全？**你是否有信心了解这个大客户以及你作为"外部经理"在其中的位置？你知道谁在做决策，是基于什么理由做决策吗？你是否已经充分探索了客户中目前正在跟进的销售机会之外的销售可能性？竞争激烈吗？与竞争对手相比，你的地位有多稳固？最重要的是，你知道大客户的决策者对你在其业务中的地位有什么看法吗？如果你不确定他们的看法，或者你对自己处境的任何其他方面都不确定，那么就把这标记为一个主要的灰色地带。

我们希望你诚实回答这些诊断问题，相信你的直觉。排除那些你不确定自己在其业务中的地位的大客户，然后进入第二阶段的分析。

投资组合分析

好的财务管理意味着持续的资产评估，以及对投资组合项目的频繁选择和取消，以在动荡的市场中获得最大的优势。同样的原则也适用于"外部资产"的管理。大客户的波动性不亚于股票价格的波动性，因此你必须以同样的尽职调查态度管理他们，并经常分析他们对你公司的价值。当你试图确定客户"投资组合"中的哪些项目应获得大客户计划的特殊承诺时，这种分析比任何时候都更重要。确定"战略"客户将耗费你的资金和其他资源。当然，你希望这笔支出能给你带来可靠的回报。为了最大限度地提高这种情况发生的可能性，我们建议与每个LAMP®"候选客户"的相关人员召开会议，讨论以下问题和问题的答案。

1. **收入**。过去一年，这个客户带来了什么收入？过去两年或三年带来了什么收入？实际预测未来两三年内这个客户将带来多少收入？这里不仅要查看总收入流，还应该查看收入在不同的地点、公司部门、业务单元或产品线的细分情况。这种细微差别将帮助你确定公司实体的某个特定部分是不是最有前途的战略领域。我们将在本章稍后解释业务领域时澄清这一点。

2. **成本**。与这个客户做生意的年平均成本是多少？不仅是你提供的产品或服务的成本，还包括销售、支持和客户经营的成本。再次强调，不仅要关注总成本，还要关注组织结构和地理位置方面的细分成本。从收入中减去成本来估计利润，你可能会惊讶地发现，你的一些高收入客户实际上正在榨干你的利润。当S4咨询公司的一位客户评估"服务成本"时，他们发现了多年来一直"怀疑"的事情——"它的第二大收入来源的客户对其利润的贡献几乎为0"。

3. **增长潜力**。如果你的公司能够开发出潜在的机会，即使是低产出客户也可能是LAMP®的理想人选。要确定这些潜在增长领域，请利用客户经营团队的跨职能洞察力，并将每个客户视为一个"市场"。不要把自己局限于现在向客户销售产品或服务，要考虑客户在你提供的产品和服务领域的总支出，并问问自己是否有其他领域——地区、产品线、分销渠道——可以进行调研以提高你的钱包份额。

4. **关系潜力**。要超越交易性销售，实现真正的客户经营，你需要超越数字，寻找战略潜力的证据，也就是证明，这个大客户确实希望与你合作，并愿意为建立良好合作关系投入所需的时间和资源。我们将在第4章详细讨论这一点，我们将解释买—卖层级结构。现在，我们只想说，当试图选择你的"少数几个最好的"大客户时，你最好瞄准那些希望与你建立长期关系的候选客户，就像你希望与他们建立长期关系一样坚定。

聚焦业务领域

在我们的企业研讨会上，当客户确定了他们想要为哪个大客户制定战略后，我们会要求他们更准确地关注目标客户的特定部分。我们将客户的这部分称为业务领域，将其视为一个可管理的战略舞台。

业务领域可以是一个部门、一个业务单元或客户组织的其他细分领域。但它必须是由客户组织结构定义的细分领域。我们稍后将解释为什么这一点如此重要。

首先，让我们讨论一个更普遍的问题。为什么你应该聚焦目标大客户中有限的、指定的业务领域？

以我们的一个客户为例：一家为金融和保险业提供信用信息的领先数据服务公司。其最赚钱的客户之一是美国运通；该客户为其带来了近八位数的收入。但"美国运通"不是一个统一的实体。它由许多子公司组成，包括（仅举几个例子）旅行相关服务（TRS）、IDS金融服务、Shearson Lehman Hutton和美国运通银行。它们中的每一个都是一个庞大的、多元的公司，在全球雇用了数千名员工。TRS单独管理信用卡和旅行支票、基于数据的服务、直销、商品销售和出版等业务。没有人以相同的方式或以相同的客户策略向所有这些分公司销售，也没有人能够这样销售。试图这样做会让人困惑并带来自我毁灭。因此，当我们的客户瞄准"美国运通"时，它会实行一种差异化的"分块"经营，为IDS金融服务制定一个战略，为Shearson Lehman Hutto制定一个战略，以此类推。因此，首先要问："哪个美国运通？"

伊恩·欧文（Ian Irving）是我们驻英国的销售顾问之一，他描述了在最近的一次LAMP®研讨会上聚焦业务领域的过程。其中一名参与者与联合利华旗下一个部门的联系人建立了联系。联合利华是一家拥有247 000名员工的跨国公司，在六大洲拥有独立的区域业务集团，其产品组合包括Lipton、Hellmann's、Birds Eye、Slim Fast和Knorr等。在试图定义这名参与者的大客户时，她实事求是地说："就是联合利华。"欧文要求她缩小范围。

"好吧"，我告诉她，"但联合利华是一家价值数十亿美元的企业，在100个国家设有办事处。而这个庞大的联合利华不会给你付账，对吧？它不会直接为你带来任何收入。"她同意了，于是她开始缩小范围。首先，她想也许她在这个庞大的组织中的大客户是最佳食品公司。其次，由于她在美国或亚洲没有人脉，她将范围缩小到了欧洲最佳食品公司。但事实证明，即便如此，范围也过于宽泛。她认识该公司客户服务部的高级经理，所以看起来业务领域有点像"欧洲最佳食品公司的客户服务部"。这是一个与巨头联合利华截然不同的、更易于管理的客户。这对这位参与者来说是一个启示，这就是业务领域概念真正强大的地方。它有助于你更好地了解客户的真实情况，以便你可以制定涵盖所有关键参与者的互动战略。

美国运通和联合利华的案例并非个例。如今，大多数公司都是通过细分来实现增长的。即使那些说他们坚持紧凑型组织的人，也倾向于用多样化的术语来定义紧凑型组织。例如，强生仍然是一家医疗保健公司，但它现在管理着200家运营公司，销售数千种不同的产品。除了传统的创可贴和婴儿用品，它还在全球范围内提供大量药品，以及关节假体和动脉支架等手术必需品。所有这些产品线都由单独的组织管理。事实上，今天典型的大客户类似于我们的一位朋友所说的"公司章鱼"。在全球化盛行的今天，这只章鱼的手臂遍布广阔的地理区域和数十个损益中心，因此不可能一下子为整个公司制定一个可行的战略。试图这样做的销售组织不可避免地会失去重点，并制定模糊的战略。这就是为什么第三阶段的客户选择不是可选的。

选择业务领域的标准是什么？在关注客户的可经营部分时，我们发现问自己以下测试问题很有帮助。

1. 他们的问题在哪里? 客户在哪个领域存在我们可以解决的问题？什么问题让高层管理者夜不能寐？我们公司的哪些核心竞争力与这些问题相一致？我们目前在哪里最适合了解这些问题并利用我们的特殊优势来创建解决方案？记住我们的基本前提：从客户的利润和客户关系来看，我们在哪个战略领域能够产生最大的回报或做出最大的贡献？

2. 我们的优先事项是什么? 客户的哪个领域是我们真正优先考虑的？在长期收益和"关系投资回报"方面，有效的客户经营能给我们带来哪些改善？我们已要求你将目标锁定在某些方面"较差的"的客户。我们指的不是与你没有任何关系、价值数十亿美元、仿佛天上掉下的馅饼一样的客户。我们并不是说你不应该考虑改善低绩效客户。但是，在制定LAMP®战略时，从赢家开始——从那些已经有很好业务的客户开始，因为更有效的客户经营可以使这些业务变得更好。选择一个以你已经意识到的优先事项为基础的业务领域。

3. 客户的潜力是什么？ 我们一直强调既不要贪多嚼不烂，也不要吃太少而饿肚子。考虑一下，是否可以关注客户更广泛的细分领域。例如，如果你现在只向Geoplex公司的十个部门中的一个部门销售，那么你是否可以接触北美或欧洲的所有部门？你能从一个业务单元拓展到一个业务部门，从一个业务部门拓展到整个集团吗？想想未来几年你的业务领域可能会在哪里扩大。最后，你们两家公司从持续的关系中获利的最大未开发潜力在哪里？

4. 我们的知识库是什么？ 在大客户的哪一领域，我们拥有最多的知识或最好的知识？我们目前对客户的内部组织了解多少？关于客户的问题、威胁和机会？关于客户所在行业的趋势？我们将通过本书第2部分的大部分内容展示详细的情境评估，为你提供这些问题的答案。但是，如果你现在还没有对它们有一些初步的了解，那么你可能就无法找到一个可经营的业务领域。

5. 客户如何看待自己？ 最后一个标准非常重要，因为它经常被忽视。在确定最终的选择阶段是否真的让你进入了一个可经营的业务领域时，问问自己：这个业务领域是否与客户如何看待自己有关？

最后一个问题很关键，因为客户想要购买的方式可能与你想要销售的方式、你的销售和营销人员的运作方式或者你想要发展的关系密切相关，也可能不相关。传统上，销售组织以自我为中心，从而根据自己所处的地域划分公司客户。在B2B业务中，这往往适得其反。以一家欧洲公司为例，该公司打算通过与纽约总部建立良好关系，进而与一家美国大公司建立业务。这一战略在东海岸很有效，但在西海岸分部完全无效，因为西海岸分部是自组织的，并独立做出决定。这是一个很好的例子，说明对客户的不完全了解会导致模糊的战略制定和销售损失。这在大多数销售组织中都很常见。

两个复杂因素

尽管准确定义业务领域至关重要，但我们并不认为这是一个简单的过程。正如之前伊恩·欧文所举的联合利华的例子，即使是资深销售人员，有时也必须付出相当大的努力，才能锁定业务领域。此外，在许多情况下，这一过程不仅因为公司结构，而且因为两个因素而变得复杂。

薪酬冲突。首先，尽管你的团队可能已经成功定义了一个业务领域，并在该业务领域中确定了直接的关系或收入目标，但你组织中的其他团队可能不会像你的团队成员享受实现这些目标的激励措施。他们针对同一个大客户的举措可能与你的不一致。事实上，在某些情况下，可能与你的举措重叠，甚至相互矛盾。这种混乱通常是由销售组织的薪酬结构造成的，这可能与大客户（或其任何不同业务领域）想要购买的方式无关。我们的一位资深LAMP®讲师解释道：

假设你是一家大型保健品公司的东北部销售代表，为了完成销售任务，你必须向康涅狄格州的某家医院销售10台心脏监护仪。但与此同时，你的公司正在与该医院的区域管理层达成一项协议，计划在同一季度为5家附属医院安装200台监护仪。如果交易失败，你将无法完成你的销售业绩，而且最重要的是，你的客户联系人会很生气，因为他们已经失去了对购买的控制权，而你告诉他们是由他们决策的。这是一种常见的情况，不仅仅是在医疗保健领域。每当有3个、4个或20个不同的代表和同一个客户打电话，并且他们得到了不同的报酬时，你就会在业务领域中遇到冲突。

人们会做你付钱让他们做的事。因此，如果薪酬结构不一致，事实上，如果它们没有根据客户的购买意愿进行调整，你就会遇到这样的冲突，即使你没有失去业务，也可能会疏远团队成员。解决方案在于更好的团队组织——这是我们将在本书中经常讨论的问题。

变化的目标。第二个因素与经济环境的动态性有关，特别是与组织结构的不稳定性有关。具有挑战性的事实是，就有效的关系战略而言，你今天向其销售的公司可能会在下个月成为一家完全不同的公司。无论是内部（在解雇、招聘和重组方面）还是外部（在集权和分权、兼并和收购方面），公司客户都经常发生变化。有效的大客户战略充分考虑这一现实。你必须根据环境（客户视野中的环境）重新定义你的业务领域。如果一家公司被收购或进行内部重组，从而改变了你的联系人的看法，你可能会突然面临一个完全不同的业务领域。

而且，你不能指望客户的组织结构图来为你提供正确的解决方案。即使客户本身没有经历重组，许多其他不太明显的因素仍可能影响决策的方式。也许有一位新的顾问能吸引CEO的注意。也许一家德国子公司发现了一种新的最佳实践，突然间芝加哥的每个人都在说"我们也会这样做"。这就是为什么不断审查客户的情况如此重要。

业务领域完全取决于客户如何看待自己，以及它想如何与你打交道。你必须把它放在显微镜下，在每一次客户接触中。业务领域不是组织结构图的一部分。这是一个变化的目标。

事实上，对LAMP®战略的总体评价大致相同。本书接下来将开始解释该战略的各个组成部分，并展示在以难以置信的速度发展的经济中，不断重新评估是发展健康关系的关键。

第3章
一个真实的案例

理论联系实际，实践出真知。

——亚历山大·亚罗维尔（Alexander Yarrowville）

在本章中，为了使我们刚刚讨论的LAMP®原则具体可见，我们引入了一个案例。尽管所涉公司和个人的名字是虚构的，但例子本身是真实的。它基于米勒·海曼公司的客户经验，公司遇到过类似的情况，并使用了类似的策略来管理其大客户关系。

因此，"PreComm公司"如何经营与"Datavoc公司"关系的故事既不独特也不罕见。它反映了当今大大小小的企业所面临的挑战，并实际证明了LAMP®在应对这些挑战方面的价值。我们从这里开始讲这个故事，并将在整本书中定期回顾它。

背景

PreComm是一家中型公司，为制造业提供广泛的通信专业知识。作为集成电路的设计者，它提供高科技、家用和工业设备与主机，或者双向通信所需的许多内部控制器和集成电路，以及实现它们的"专有技术"。尽管PreComm的主要研究、设计和生产业务位于美国，但它是一家全球运营商。它在欧洲和远东地区也有生产线。该公司的技术专家和顾问都是按地区分布的，并且在美国、欧洲、拉丁美洲和亚洲都有销售团队。最近，该公司对广阔的中国市场的热情越来越高。公司雇用了大约600名员工，去年销售额达到4亿美元。在竞争日益激烈的市场中，它正努力实现公司口号"通过创新和设计实现卓越沟通"，以此来增加收入。

PreComm大约1/5的收入来源于其最大的客户，总部位于伦敦的国际知名通信和工程公司Datavoc。尽管Datavoc的主要市场是向企业销售环境控制、电话和通信系统，但它已经从家电产品线中获得了家喻户晓的地位。每5个英国家庭中就有一个使有Datavoc电话或供热系统，每8个德国人中就有1个拥有Datavoc供热或空调系统或微波炉。该公司在伦敦证券交易上市并拥有蓝筹股地位，拥有26 000名员工，并管理着数百万英镑的采购预算，以确保其产品所需的诸多组件。对于其生产的组件，PreComm拥有其预算35%的"钱包份额"。

Datavoc绝对是PreComm不想失去的大客户。但最近的事态发展已经开始威胁到客户关系的稳定性。来自环保主义者、安全监管机构和工业保险公司的压力正在增加Datavoc的生产成本，其市场也正受到成熟竞争对手和亚洲新兴竞争者的攻击。为了应对这一双重挑战，Datavoc的总裁马丁·乔瑟授权实施集中采购计划，即全球商品采购计划。他还指示该公司的6名工厂经理更密切地关注中国供应商，并进一步考察中国制造业的潜力。对于PreComm来说，中国是一个新市场，也是Datavoc低成本组件和生产的潜在来源。而且，在最近的一份股东报告中，马丁·乔瑟承诺在不损害公司成本基础的情况下改善Datavoc产品的品牌和上市时间。

对于PreComm来说，所有这些意味着其收入的主要来源变得不确定——在这种情况下被降为"商品供应商"是一种真正的威胁。因为这两家公司最近的关系比较紧张，这一威胁更加令人不安。尽管Datavoc工程师长期以来一直都称赞PreComm的产品质量卓越，但其采购人员在价格上进行了大幅度的砍价。直到大约一年前，他们接受了工程师对PreComm设计的推荐——通过一家名为"设计创新"的合作伙伴提供，然后将设计方案兜售给竞争供应商。作为回应，PreComm撤销了双方的合作关系，这让其失去了几个月的供应商地位。直到PreComm推出一系列新的无线控制单元，它才在Datavoc客户中重新站稳了脚跟，但交付该产品又会引发老生常谈的争论：Datavoc的工程师喜欢产品带来的技术优势和灵活性，但采购部门仍然希望价格更便宜。

在所有这些紧张关系中，几乎没有人谈论最终的消费者——那些直接受到不可靠组件和故障影响的最终用户。然而，如果马丁·乔瑟认真对待品牌建设任务，这可能正是PreComm能够获得一些立足点的领域。

确定业务领域并组建团队

总部位于伦敦的PreComm区域代表帕特·墨菲已被其经理萨姆·琼斯要求制定一项战略，以增加公司在Datavoc的钱包份额，或者至少防止在正常经营下几乎肯定会导致的收入损失。由于帕特·墨菲接受过LAMP®培训，他知道起草这一战略计划的首要任务是，确定他和琼斯想要聚焦的是Datavoc的哪个领域。也就是说，他需要确定业务领域。

帕特·墨菲回顾了在这家国际公司工作的两年来的经历，他很快意识到他在Datavoc的人脉基础在本地区的生产部门。事实上，他认识的每个人都在欧洲生产部门工作，该部门一直是唯一的联系点和唯一的业务来源。他和琼斯都不认识销售、财务或任何其他Datavoc运营职能部门的任何人。他们也不认识欧洲以外生产部的任何人。

这一事实使识别业务领域变得相当直接。帕特·墨菲不会浪费时间起草一个天马行空的、基本上不相关的"Datavoc战略"。相反，他将聚焦他已经定位的领域"Datavoc的欧洲生产部门"。这并不意味着PreComm不会与Datavoc的其他部门开展业务，但其他部门将是其他客户经理的领域。对于帕特·墨菲的团队来说，欧洲生产部门是其业务领域。

在确定了业务领域后，帕特·墨菲的下一步是确定最适合他团队的人员，即PreComm专业人员，他们可以最有效地帮助他制定涵盖所有关键角色的拓展战略。帕特·墨菲决定，除了他自己，团队还应该有以下3名成员。

- 萨姆·琼斯，他的经理，在过去几年一直在经营大客户Datavoc，对于PreComm地位的不稳定性有着深刻的认识。
- 戴维·奥尔森，一名设计工程师，他可以与Datavoc的工程师对接，提供技术专业知识。
- 罗伯特·格洛克，该公司最近晋升的欧洲地区副总裁，因此是一位潜在的有影响力的高管谈判者。

帕特·墨菲联系了这些人，解释了保持与Datavoc的积极关系对PreComm持续的财务健康至关重要，并在其电子邮件功能区创建了"联系人组"。在安排初步计划会议之前，他还有一件事要做。

获得高管支持

帕特·墨菲知道，如果没有能力快速整合内部资源，以应对业务领域不断变化的需求，团队制订的任何计划都将注定失败。为了防止这种情况出现，他需要一位高管——即使不是他的团队成员，至少是他的盟友。他知道这个特殊大客户的重要性，在需要时，高管有能力"释放"预算外的资源。因此，他又打了一个电话给PreComm美国财务副总裁艾丽西娅·卡沃尼斯。

作为该公司的首席数据分析师，卡沃尼斯能够很好地理解Datavoc的成本控制问题，以及如果Datavoc将业务转移到其他公司可能给PreComm带来的灾难。帕特·墨菲曾与她见过几次面，一次是在总部旅行时，另一次是她访问伦敦时，帕特·墨菲发现她是一位口齿伶俐、直言不讳的关系建设倡导者。与许多财务人员不同，她也明白"你必须花钱才能赚钱"这句老话的道理。她直接向公司首席执行官威廉·兰格兰德汇报。因此，她看起来是高管发起人的理想人选。

当她听到帕特·墨菲对Datavoc情境的描述时，卡沃尼斯同意这是PreComm无法承受的损失。她还承诺，如果需要，她将为帕特·墨菲制定的大客户战略提供个人支持，包括参加电话会议。帕特·墨菲当然很高兴。在团队中有一位像卡沃尼斯这样的高管，即使是临时的，也是一种组织优势。她的出现将为团队的努力增加可信度，并将他们的计划因公司层面的支持不足而失败的风险降至最低。

随着艾丽西娅·卡沃尼斯的加入，帕特·墨菲相信自己已经组建了一支可行的团队。因此，他转向LAMP®的下一步，即情境评估。在第2部分中，我们也将谈到这一点。

第2部分

情境评估

第4章
合作关系

> 你在食物链的层级越高，你的谈吐和想法就越具体，越周到，越有针对性。
>
> ——帕特里克·托马斯（Patrick Thomas）
> AON风险服务国际公司前全球和战略客户开发总监

在开始制定大客户战略之前，你必须确定自己与客户的关系。这听起来像老生常谈，但如果团队成员没有认真对待这关键的第一步，所谓的战略都将毫无意义。团队通常会假设最好的情况，而不探寻他们与客户的真实关系，他们也会产生一种错误的现实感，最终就像迷失在森林中的开拓者一样，不知道为什么无法在精美详细的地图中找到自己的坐标。

好战略的基础都是准确的信息，而这些信息必须从评估你与客户的关系开始。这就是为什么我们在开始情境评估时引入"买—卖层级结构"的概念。用于评估大客户关系的独特模型提供了可靠的基准，不仅可以衡量你对客户的看法，更重要的是，还可以衡量客户现在对你和你公司的看法。

正如你从图4.1中看到的，代表合作关系的"买—卖层级结构"分为五个层级。在详细描述这些层级前，我们先从一些一般性的观察开始。

首先，你的客户（不是你）才是业务领域中的关键人物，决定了你所处的层级，而且不同的客户对层级可能有不同的看法。有点讽刺的是，我们建议你按自己的方式"逐步推进"买—卖层级结构；然而，决定你是否成功完成这项工作的是客户中与你对接的人。你必须赢得被视为"上一级"供应商的权力。这就是为什么每个层级的描述都是指业务领域对你公司定位的评估。

其次，尽管在图4.1中，买—卖层级结构的级别看起来像晋级的步骤，但将它们视为连续的定位确实更准确。客户可能会对你的定位有一个相当牢固的印象，也就是说，客户在层级结构中看到你的位置，但这可能是无法量化的：没有任何神奇的信号会告诉你，在客户眼中，你刚刚从第二层级升到第三层级。这将通过你与客户的合作方式体现出来，而不是通过任何官方的障碍或设置的门槛。

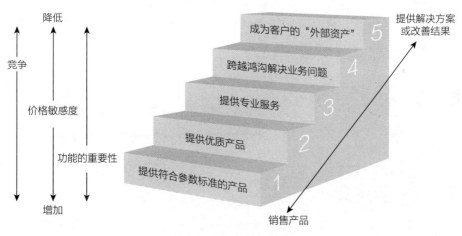

图4.1　买—卖层级结构

最后，买—卖层级结构不像这个静态图那样看起来如此稳定。我们的一位同事喜欢把买—卖层级结构比作一个移动的楼梯或自动扶梯——有时会不可预测地向两个方向移动。这意味着即使你今天可能处于第三层级，除非你保持警惕，否则明天你可能会发现自己回到了第二层级。

在本章中，我们将逐步解释买—卖层级结构中的其他信息。我们先仔细观察底层。

第一层级：提供符合参数标准的产品

在买—卖层级结构的第一层级，也是最低层级，你被视为提供符合参数标准的产品的供应商。你很容易被定位在这个层级，但在建立长期关系方面很少有太大的影响力。原因如下。

在纽约和芝加哥期货市场，商品交易属于大宗交易，不考虑特殊性或附加值。燕麦、黄金、原油、石膏，这些完全不同的产品有一个共同点。它们必须达到某个最低参数标准，但除此以外，它们在质量方面几乎没有什么差异。一家得克萨斯东部供应商提供的原油与其他供应商几乎相同。一家黄金生产商提供的24克拉黄金与竞争对手提供的24克拉黄金难以区分。可获得性和（最重要的）价格是供应商之间的唯一区别。

你不需要参与期货交易，就可以被视为一个纯粹的"商品"供应商。你可以为保险公司提供计算机工作站，但如果大都会人寿保险公司（Metropolitan Life）认为你的计算机工作站与其他人的计算机工作站完全相同，那么无论它们是否"真的"相同，都无关紧要。正是因为客户无法区分，才将其定义为商品。当客户无法感知到差异，且所有供应商提供的商品都符合最低参数标准时，你可能已经被视为商品供应商（例如，提供黄金或原油的供应商）了。

如果这就是你想做的，那没什么不对。但在经营大客户时，这通常是一个不稳定的危险状态。当客户将你视为商品供应商时，你对客户内部发生的事情无法施加影响，而且几乎没有机会建立长期关系。为什么？因为商品交易有很简单的规则：贱买贵卖。如果客户认为你提供的商品与竞争对手的没有差异，如果你只是在推销商品而不是发展关系，那么你唯一的谈判筹码就是商品的可获得性和低价。这不是一个非常安全的位置。

然而，在一个由供应链经济驱动的世界里，这是一个令人痛心的普遍现象。正如我们在第1章中指出的那样，今天，许多公司的采购部门正在缩减供应商的名单，并将批准的供应商推向商品供应商这一层级。例如，一些大型运输公司在购买轮胎时完全绕过了销售部门；他们只是在互联网上发布一个订单，然后选择出价最低的供应商。这一过程在其他汽车领域也很常见，线上竞拍可能给供应商带来巨大压力。

例如，我们的一个客户向主要汽车制造商提供废气和排放控制产品。其最大的客户之一，也是三大汽车制造商之一，最近采用了线上竞拍的采购方式，这迫使我们的客户及其竞争对手通过互联网招标协议来竞争合同，该协议旨在将我们的客户推向商品供应商这一层级，无论是对单个零件还是复杂的排放控制系统进行投标。米勒·海曼公司的销售顾问马克·塞勒斯（Mark Sellers）解释了竞拍的工作原理。

"我们的客户在一个私人房间里，在两个屏幕上观看竞拍情况，其中一个屏幕显示了他们的投标电子表格，包括零件信息、利润信息、销售价格等，以及竞拍的总体排名，排名会实时变化。另一个屏幕显示了所有供应商及其实时排名，但无法知道具体供应商的名称。所以他们都知道自己的排名，但不知道自己的竞争对手是谁。因此，他们不能完整地了解竞争格局。"

显然，这是一个对供应商不利的系统，事实上，这是为了对抗供应商而设计的，它让制造商能够获得更全面的信息。

马克·塞勒斯说："由于不能完整地看清楚局势，即使制造商并不总是选择报出最低价格的供应商，但为了保持竞争力，供应商也会有一种内在的压力，尽可能地出价低。获胜的供应商可能很容易发现他们的出价比他们预期的要低。整个设计逻辑就是要淘汰一些供应商，并给其他供应商带来难以置信的价格压力。"

eBay的企业版互联网竞价可能是推动商品化最明显的例子，但并不是唯一的例子。Experian前销售总监尼维尔·西布里奇说："我们渴望与客户建立良好的关系，但我们面对的专业买家越来越多。似乎他们的全部作用就是诋毁你的重要性，把你——无论你的愿望如何——推向商品供应商的角色。"

这也不能完全归咎于买家。事实上，一些供应商的代表会主动要求被推向商品供应商的角色，因为要确保自己是一个"足够好"的供应商，远比付出额外的努力来区分自己并提升层级更容易。此外，正如我们的一位朋友所说，通过被定位为一个可靠的低价供应商来"赚大钱"是很有可能实现的。问题是，在这个层级上建立的关系通常依赖于"友谊"（或价格），并不安全。我们的一位朋友称之为"贴面"关系："他们基于对客户的非常浅薄的认知而专注于产品。当销售人员像这样被困在商品供应商层级时，不一定是因为他们的客户不希望他们提高层级，而是因为他们害怕离开自己的舒适区。"

通常，那些被困在第一层级的人——无论是否自愿——都会试图说服自己，并不是他们不能建立差异化，而是产品本身让他们保持了这种状态。他们认为，当产品是一种商品时，它不可能被定位为其他东西。这听起来可能合乎逻辑，但事实并非如此。事实上，在买一卖层级结构中的位置与产品或服务无关。例如，在"产品规格"方面，可乐饮料之间几乎没有区别，但在消费者心目中和在B2B市场上则差别明显，这取决于大客户对它们的看法。

那么，为什么一家名叫莫顿的公司在美国食盐市场占据了半壁江山。这不是因为莫顿生产的食盐中的氯化钠与其他公司不同，而是因为莫顿明智地投资于创造一种认知——消费者认知，这使莫顿在客户（零售商）眼中的定位不仅仅是一个食盐供应商。莫顿创造了消费者需求，这转化成零售商库存周转率的上升、收入的增加和客户满意度的提高。这些优势进而转化成一种超越产品本身（食盐）的关系。

或者考虑一下爱惜康（Ethicon），它是强生公司家族中一家价值数百万美元的公司，其主要产品是外科缝合线。缝合线几乎是一种商品，但爱惜康与许多医院客户建立了密切而持久的关系。它是怎么做到的？通过为客户带来营销援助和技术培训等附加值。这些附加值有助于爱惜康在一些选定客户的买—卖层级结构中获得较高的定位，尽管其产品本身与其他竞争对手几乎没有差异。

第二层级：提供优质产品

在买—卖层级结构的第二层级，你的客户将你视为提供优质产品的供应商，如采用最先进技术的产品，或者满足比通常更严格的技术规范的产品，或者有出色的服务和支持支撑的产品。这意味着，你提供的不仅仅是一台功能可接受的计算机，而是一台速度极快或用户界面友好的计算机。不仅仅是"次日达"快递服务，而是提供次日上午10:00送达和全球品牌认可的服务。不仅仅是24/7服务热线，而且由非常礼貌和熟练的技术人员回复的热线。

任何让你在竞争中脱颖而出的产品或服务，让客户将你视为创新者的产品或服务，都可以帮助你建立第二层的级业务关系。显然，这是一种进步。但被视为提供优质产品的供应商仍然代表一种脆弱的关系。

原因很简单：竞争。你可以通过一些华丽的"装饰"（或更快的服务或其他附加功能）来建立竞争地位，但你无法维持它。除非你对自己的独特功能或优势申请了专利保护，否则即使你最终做到了，竞争者也会迎头赶上，甚至还会超越你，那么你又回到了销售商品的状态，独特功能将成为每家公司的"武器库"的标配。这种情况在电信行业最为明显。一家移动电话公司推出了彩色屏幕、静音铃声或图片信息功能，这些功能立即使其领先。六个月后，全世界每个移动公司都复制了这些功能（成为新的最低标准的一部分），战斗继续进行，升级再次启动。

我们的一个客户是一家大型运输公司。几年前，该公司的总裁和我们开玩笑说好产品的定位有局限性。他说，有10~12个饥饿的竞争对手在他后面，仅仅"提供一辆好卡车"已经不够了，所有主要供应商现在都表现出色。清洁、保养良好的车辆，准时取货和交货，礼貌的司机及破损担保，所有这些现在都已成为常态。如果你想在此基础上赢得生意，你必须在这之上提供更多和更好的服务。

这很好地描述了交付"更好"产品的优势和局限性。现在让我们看看我们的朋友所说的"更多"是什么意思。

第三层级：提供专业服务

在买—卖层级结构的第三层级，你不仅被视为优质产品、服务或解决方案的供应商，而且被看作能为客户付出特殊努力的公司。让你达到第三层级的是对业务领域的理解，这使你的客户得到更多的东西。例如，在第二层级，你为所有客户及时安装无漏洞的计算机系统；而在第三层级，你提供了根据特定客户技能量身定制的系统培训计划。在第二层级，你为每个人提供全天候的技术支持；在第三层级，你为每个业务领域提供一条专用的帮助热线。

要澄清第二层级服务和第三层级服务之间的区别，请参考世界上最伟大的服务公司之———企业租车。一位经常使用该公司服务的同事说："这家公司给人一种夫妻般的感觉，它的客户服务绝对是世界一流的。公司会来接你，对你的预订情况一清二楚，如果你有任何问题，公司会跟进，这是一家真正认真对待你的公司，就像你是一位大人物一样。"这是人们对企业的普遍赞誉，正因为如此普遍，所以你可以看出这描述的是一种对第二层级的认知。企业通过以这种"服务至上"的方式对待所有客户，建立了世界级的服务声誉。

但是，假设你的公司是企业租车的一个忠实客户，为了鼓励你的公司持续支持其业务，企业租车为你的公司提供车辆免费升级或账单简化服务，以配合你公司的财务工作，或者为你公司的CEO提供免费用车服务。

在这种情况下，你的公司对双方关系的看法很可能会改变，会把企业租车视为一个在为你服务方面"超越一切"的供应商。在你看来，双方的关系会从第二层级发展到第三层级。

或者，以联邦快递公司为例。它在"次日达"服务中处于领先地位，并不是因为它能按时将你的快件送达——这是所有快递服务商为了保持业务而必须满足的第一层级的标准。对于它的许多客户尤其是小型个人客户而言，联邦快递可能被认为是处于第二层级的服务商：它主导了"次日达"服务的市场，因为它为每个人提供了诸如计算机跟踪、庞大的可访问网络、客户偏好的数据库以及每个环节始终如一的专业服务等"额外服务"。但是，如果联邦快递公司对你的公司足够重视，能够为你的公司提供超出此服务清单的其他服务，比如，如果你不在，可以提供额外的转送服务，或者免费咨询服务，这样联邦快递公司可能会与你的公司建立第三层级的业务关系。请记住，不是服务本身让提供者达到第三层级，而是服务有助于在特定的领域建立差异化。

第四层级：跨越鸿沟解决业务问题

在前三个层级的业务关系中，竞争对手的数量仍然很多，客户对产品价格的敏感度也比较高。但当跃升到第四层级时，这两个因素都发生了巨大的变化。这一跃升是重大的。称之为"跨越鸿沟"并非轻描淡写。

在第四层级上，客户认为你的公司不仅提供了优质的产品和额外的服务，而且能帮助他们理解其业务问题。当你的公司被定位在这个层级时，你应了解每个客户的业务问题和目标。你不仅可以提出满足客户日常运营需求的想法，还可以解决他们持续关注的利润、生产力和产品上市策略等问题。你不仅可以提供解决这些问题的产品和服务，还可以提供一系列与你的产品或服务几乎无关的辅助支持。

示例：假设你将信息系统出售给一家制造商，该制造商希望解决库存控制的问题。你公司的一个标配系统可以以合理的成本，快速而高效地帮助客户解决这个问题。不过，该制造商可能会购买更昂贵的顶配系统，该系统配置了其可能永远都不会使用的功能，但这会使你从该客户处获得的收入和佣金翻一番。那么，你会向其出售哪个系统？

如果考虑长期发展，你就不会纠结。你会为客户提供最能满足其业务需求的系统，而把"打一枪换一个地方"的方法留给那些将销售视为一锤子买卖的公司。你这样做是出于最务实的原因：它将帮助你建立一种信任和互惠的关系，随着时间的推移，这将使两方都获利。那些看到你为其省钱的客户将在之后持续找你合作：因为你被视为了合作伙伴，他们会像你想要他们的业务一样想要你的业务。

而且，即使花费多一点，他们也想跟你合作。当你跨越鸿沟进入第四层级时，你正在贡献一些竞争对手很少提供的东西，这时，你可以销售"价值"，而不是拼价格。这并不意味着当在层级结构中向上移动时，你可以简单地提高价格或拒绝打折。

这意味着你与客户的对话不太可能对价格敏感，因为在客户眼中你提供的价值包括产品和服务，并且超出了这些。你会告诉客户如何降低成本、提高生产力或提高利润，客户当然想和你做生意。不仅是本季度，而且是长期的。这就是维持增值关系的意义所在。

然而，只有当大客户中的人看到你的贡献与对公司的附加值之间存在明确的联系时，交付底线价值才能使你成为第四层级的供应商。在这里，与一般客户关系一样，重要的是客户的感知，这是你必须努力提高的。这就是为什么那些在管理高层关系方面最成功的组织会投入大量精力来"推销"它们的成功案例，向关键客户展示它们的成功案例：在每个案例中，客户的业务问题都将受到供应商活动的直接影响。

下面是一个如何正确操作的示例。英国一个贸易组织最近决定向其会员提供人寿保险的优惠费率。它向其保险公司提出了这一想法，由于保险公司认为该贸易组织是一个重要的大客户，因此，保险公司希望利用这一机会大幅改善其在买—卖层级结构中的定位。首先，除了向贸易组织提供所要求的费率，它还提供了一些附加的产品（如为会员的子女提供免费保险），这使保险公司立即处于层级结构中的第二层级——不仅仅是商品供应商。其次，在没有被要求的情况下，保险公司为该贸易组织提供了一条免费电话服务热线，该服务热线由专门负责该组织及其会员的团队负责。仅就这个客户组织而言，这一"额外服务"将保险公司（在客户眼中）提升到了第三层级。

当该贸易组织告知保险公司，其对如何向会员推销新产品并保持可接受的利润率有些担忧时，保险公司跃升到了第四层级。这是一个业务或第四层级关系的问题，为了帮助贸易组织解决这个问题，保险公司立即指派了一名营销专家。该营销专家提供了市场情报，帮助贸易组织更有效地接触到其会员，因此新产品很快获得成功。18个月后，保险公司在客户的完全同意下提高了价格，这增加了其利润，并维持了与贸易组织的持续业务。从第二层级到第四层级的稳步发展是由于保险公司愿意提供产品以外的服务，帮助大客户成为更能盈利的企业。这是一个很好的例子，说明了高层需要做出的承诺，以及愿意做出承诺的公司可以获得的回报。

为什么会存在鸿沟

当然，情况并不总是这样的。我们已经说过，从第三层级跃升到第四层级就像跨越一道鸿沟。有几个原因使这一跨越如此艰难。

第一个原因是销售组织倾向于派销售人员进行拜访这种销售模式，主要目的是达成销售和推销产品。这是一种由来已久的模式，在当今以关系为基础的世界中，这种模式正在走向没落。当然，企业为了生存，必须进行交易。但在大客户经营中，交易必须是维持关系的次生结果。如果你与客户见面的主要原因是向其推销产品，客户会自然知道这一点，这样你希望与客户建立关系的机会（记住，这是重复交易的来源）将大大减少。因此，如果你处于"产品推销模式"，你就无法跨越鸿沟。

第二个原因是，无论公司为帮助客户实现更高的利润做出多少口头承诺，实际上，大多数供应商对客户的业务知之甚少。HR Chally Group进行的一项调查研究显示，当客户公司被要求指出供应商可以改进其销售工作的领域时，最常见的回答是"提高了解我们业务的能力"。因为经营外部资产的目的是将其作为一项业务进行改进，因此，如果不能像了解自己的业务一样精通客户的业务，那么一定会使该资产面临风险。这正是大多数"客户经理"的处境。他们无法在第四层级或第五层级上与客户进行沟通，因为与我们刚刚描述的英国保险公司不同，他们不懂客户的业务。

第三个原因是恐惧。为了在最高层级建立有效的业务关系，你必须能够与高级管理层沟通，这让最有经验的销售代表之外的所有人都感到局促不安和紧张。这就是为什么你必须对大客户的众多关键角色进行仔细评估，并确保他们中的每一个都被覆盖到，这并不容易。与你认识的人打交道，即使他们是级别较低的人，也会让你感觉舒服得多，而且你会一直关注自己熟悉的人。问题是，当你一直关注着眼前熟悉的人时，你就无法在层级关系中提升。要达到第四层级，你不仅必须成为客户业务方面的专家，团队成员中的某个人也必须能够与客户沟通专业知识，从而在管理层建立关系。

第四个原因是费用或感知费用。建立良好的业务关系需要花费金钱、时间和资源。一些公司宁愿不这样做。当然，在某些情况下，这可能是明智的。尽管高层级的定位使价格和竞争变得不那么重要，但这并不意味着你希望这样或能够负担得起。事实上，一个好的LAMP®战略的一部分作用是，帮你确定哪些客户值得"全方位投入"，哪些客户可以在较低的承诺水平下更好地经营。如果能提供你想要的结果，如高销量或高利润率，那么处于第一层级、第二层级或第三层级的位置就很好。但如果你想走得更远，你不应该满足于处于这些位置。

第五个原因是，大客户本身可能不希望你跨越鸿沟。例如，沃尔玛以低价采购而闻名。即使是合作最久的、最可靠的供应商，其公司战略也是倾向于低价竞标，并仅在强化折扣优势的情况下才会支持咨询关系。如果你与这种类型的客户合作，你就无法跨越鸿沟。另外，一些被认为在价格上强势的公司，实际上可能对发展业务关系很感兴趣。例如，我们合作的一家大型制药公司曾"反向"实施LAMP®计划，以便与其五家主要供应商建立更好的沟通渠道，实际上，它是在邀请这些供应商跨越鸿沟。

第五层级：成为客户的"外部资产"

在我们刚刚引用的HR Chally Group的调查研究中，研究人员发现，客户最常见的一个抱怨是，希望获得其业务的供应商不了解他们的业务问题。大多数供应商采取的是"产品销售模式"，而客户想要的是"专家咨询模式"。如果你能提供这样的咨询，而且只有你能提供，你才有机会达到第五层级。你在这一级别建立的差异化可能是非凡的。

我们已经解释了把大客户视为"外部资产"的重要性，这是组织可持续发展的关键因素。在一段真正互惠的业务关系中，这对双方都是有好处的。正如大客户为你提供必要的"燃料"一样，你也为大客户做同样的事情，而且大客户也是这样看的。当大客户认为双方是第五层级关系的伙伴时，你就被视为他们的"外部资产"，并且他们对待你的态度就像对待自己员工一样。在第五层级，你已经成了客户团队的成员——在一些公司，甚至是正式成员。你不再是参与竞争的供应商，而是值得信赖的顾问。客户在寻求你的建议和忠告时，不再考虑可以给你什么样的折扣。

在这种最好的业务关系中，你不仅为客户提供优质的产品或卓越的服务，甚至还可以帮助客户解决短期业务问题。作为咨询合作伙伴，而不仅仅是供应商，你为客户组织的生产力持续做出了贡献，因此，客户中的所有人都认为，你在帮助他们经营业务。当谈到"不公平的竞争优势"时，这是最好的选择。

具体怎么运作？例如，假设你的一个大客户想要支撑摇摇欲坠的利润率，它的策略是分散运营，让部门经理能够更好地控制他们的利润中心。在这种情况下，任何帮助其在损益表中注入"活力"的公司都会被视为处于解决业务问题的第四层级。这很好。但更理想的情况是，被客户视为既能帮助其提高利润又能促进分散经营的公司。这种贡献将与客户公司在市场和内部层面的关注点紧密结合，对于任何一家在利润率上挣扎的公司来说，这是一个理想的组合。

实现这一组合并不容易，事实上，即使在那些积极寻求建立这种高层联盟的公司中，也很少有公司能够与超过五家客户保持第五层级的业务关系。这在一定程度上是因为资源有限——毕竟这种合作很昂贵。因此，寻求建立这种层级关系的公司在投资前会谨慎地确定潜在的合作伙伴。例如，行业领导者万豪、普华永道和IBM在承诺达成"全球"协议之前，会定期评估潜在合作伙伴的潜在价值，并对照其自身利用该价值实现互利的能力。它们在找什么？用一项针对全球客户经理的研究来总结，它们寻求"创造价值的潜力，而不仅仅是产品销售的增长，甚至是钱包份额的增加，这涉及在关系中创造共同价值的方法"。只有有限数量的客户才能达到这一标准。

处在顶层的优势

尽管你可以在合作关系的顶层施加影响力，但很少有公司能做到这一点——甚至试图做到这一点。除了少数最有决心和创新精神的勇敢者，传统的观点和最高层管理者的恐惧让其他所有人都无法尝试做更多的事情，而不仅仅是提供出色的服务。他们仍然躺在温暖的舒适区，位于鸿沟的边缘。因此，顶层仍然有空间可以运作。我们注意到，除了那些选择维持交易关系的公司是例外，通常高层级的业务关系是最合适的定位。买一卖层级结构图两侧的双向箭头表明了为什么会这样。

首先，随着在层级结构中位置的提升，竞争会减少。原因很简单，因为很少有企业知道如何展示自己，以解决大客户的组织问题和业务问题。世界上每家企业都在推销自己的产品，而只有少数企业在竞争环境中销售真正解决客户问题的方案。绝大多数企业都停留在口头上，而很少真正落实到行动上。

其次，对价格的敏感度较低。如果客户中的关键角色认为你不仅提供了优质的产品和服务，而且提供了真正的附加值，为客户的业务带来了价值，客户不会通过降低价格来损害这种价值。当你影响了成本等式，让客户看到他们不是在进行同类比较时，你就在一定程度上摆脱了价格竞争。这并不一定意味着你可以获得双倍于竞争对手的收入。这意味着如果你使客户从与你做生意中获得更多的回报，那么交易价格就不太可能是一个问题。

最后，产品功能的重要性降低了，因为你对客户业务的贡献超过了任何花哨的功能。因此，你不太可能吹嘘"产品功能"，而更有可能提供解决方案（而不仅仅是承诺）。

如图4.1右边箭头上方所示，在客户经营方面，层级靠上的业务关系意味着提供解决方案或改善结果。两者都是从客户的角度定义的。你必须针对每个客户的具体问题寻求解决方案。当然，为客户的业务做出如此看似无私的贡献，也是改善自己业务的最佳方式。

警惕——安全的代价

我们已经强调了提升买一卖层级结构关系的重要性。如果你不经常保持警惕，你也可能向下移动。

如果你是故意这样做的，那倒没关系。正如我们所说，并不是每个客户都值得或能够得到第四层级或第五层级关系所要求的待遇及支持。市场和机会也会随着时间的推移而变化，有时变化很快。因此完全有可能与一家公司建立了牢固的高层关系，然后出于多种原因，你决定将投入该客户的资源更好地应用到其他地方。在这种情况下，你可能希望与客户达成一致，停止投资，并调低在买—卖层级结构中的位置，这样你对客户的责任就不会那么大了。（我们将在第三部分讨论停止投资。）

然而，在大多数情况下，当一家公司的买—卖层级结构关系向下移动时，情况并非如此。还记得我们把买—卖层级结构关系比作一个移动的楼梯，而它的内在趋势是"把你推向商品供应商"。通常情况下，由于各种原因，一家公司往下移动都是不情愿的。也许是因为团队成员在客户内部只发展了一个联系人，而该联系人工作发生了调动。也许是因为团队成员在客户组织中关注的层级太低了，而对组织的高层关注不够。也许是因为竞争对手用更具吸引力的条件破坏了这种关系。也许有人根本没有注意到。

这样的事曾经发生在我们的一位朋友身上，他是一家工业部件制造商的区域销售代表。他努力在一家大客户的运营经理那站稳脚跟，并通过解决其库存问题确定了自己的定位。然后，在他"站稳脚跟"后，他被其他事情所左右，忽视了客户好几个星期。没过多久，客户的库存问题就失控了。因为缺席的人总是错的，所以客户责怪他。几周后，当他终于出现在客户的面前时，他已经在不知不觉中被退回到了第一层级。"他对我很粗鲁"，他回忆道，"我花了三个月的时间重新获得了他的信任，向他表明我并没有真正造成他的问题，并让自己摆脱第一层级的陷阱。"

这个故事的寓意并不是说你应该更频繁地拜访客户。只是在这个案例中，这恰好是正确的，但这不是一般规则。真正的问题是，该销售代表将他的整个客户战略建立在一个联系人身上，并且未能管理客户与公司之间的多个接口。当他失去了联系人的信任时，在客户内部没有任何人可以提供支持。

我们一次又一次地看到了这种情况。一家强大、有竞争力的公司通过提供解决方案、就客户的业务和组织问题开展沟通、与关键角色和高层管理人员合作来建立声誉。可它一旦被视为真正的贡献者，它就会变得骄傲，然后变得懒惰，并相信公司的地位是安全的，管理层也开始把客户视为理所当然，并认为客户是稳定的。接下来可能要发生的就是"翻车"。

避免这一常见问题的唯一方法是，记住，定位你在买—卖层级结构中位置的是你的客户而不是你，并且你在客户中发展的每个联系人的地位，决定了你可以达到的最高层级。如果你所接触的人只关心第二层级和第三层级（与产品相关的问题），那么即使付出再多努力也无法把你带入第四层级（与业务相关的问题）。此外，即使与客户中更高层级的人有互动，如果不注意，你仍然会发现自己会从自动扶梯上摔下来。

覆盖所有层级

当谈到在买—卖层级结构的上层进行销售时，我们强调的是客户对你的贡献的看法。然而，还有另一种"上层"的含义，与大客户经营层级有关。在"理想"的组织销售中，这两种感觉相辅相成。我们所知道的最好的大客户经理会始终如一地为上层提供问题解决方案，他们在客户经营的上层也是这样做的。

这不过是常识。在任何业务中，组织和业务问题都是高层管理者的自然职责。此外，这一级别的人是唯一能够切实承诺建立长期合作伙伴关系的人。在许多情况下，他们也是唯一能够释放资金的人。因此，良好的客户经营要求你利用上层问题解决方案引起他们的注意。

在推荐做法时，我们并不是说你应该"向高层销售"，并希望你的高层联系人将你的解决方案强加给他们的"下属"。我们不建议任何人忽视低层级的问题,或者在客户组织的"基层"工作的人员。沿买—卖层级结构往上移动是累积的结果,不是一蹴而就的。即使你的主要联系人是首席执行官,即使他认为你是公司现状情况的杰出分析师,你也必须提供基本的产品:电路系统、软件,或者你销售的任何东西。你必须定期检查客户组织中每个人对你的看法,这种看法可能对两家公司的关系产生影响。这意味着当你与关心产品规格的人交谈时,要对第二层级的问题保持敏感;当讨论涉及提高市场份额时,要关注第四层级的问题。这意味着无论你与谁交谈,都要确保他们了解你所提供的价值:你必须在组织内的不同层级"推销"你的贡献。

为了解决每个人关心的问题,你需要团队合作。在大型组织中为自己定位时,你必须涵盖所有的层级:也就是说,确保你组织中最合适的成员与客户组织中的每位潜在决策者保持联系。但是,拜访首席执行官的合适人选不太可能是拜访工程部门的人。在大客户经营中,我们认为,理想情况下首席执行官应该拜访首席执行官,工程师拜访工程师……你不一定要满足这个理想状态。你确实必须涵盖客户的关注点,从基本产品规格的"低层级"一直到组织问题的"高层级"。为此,你需要团队合作。

确定位置

如何知道你在买—卖层级结构中的位置呢?没有简单的答案。但我们可以给你一些指导原则。如果你想了解大客户对你的看法,我们建议你先问自己以下三个问题。

1. 我的主要联系人在客户组织中属于哪个级别? 联系人级别和拜访人级别之间存在相关性。由于业务问题和组织问题是高级管理人员的职责所在,因此发展第四层级和第五层级关系通常需要拜访副总裁或董事级别的人。如果你拜访的人低于这个级别,则你的位置不太可能高于第三层级。

2. **你在谈论什么话题？** 你可能在销售价值数百万美元的电脑，但如果你主要谈论的是产品的功能或好处，你可能仍然停留在第二层级甚至第一层级。因为吹嘘产品功能的作用是有限的。如果你主要谈论的是你的产品，那么你还不到第三层级。

3. **你与客户分享了什么内容？** 衡量关系有效性的最佳试金石之一，是你与客户分享了多少策略和计划。我们将在本书后面强调这一点。我们说：在建立关系中信任是最重要的。如果大客户还没有接受你的关系拓展"计划"，那么你可能在买—卖层级结构中的位置不是很高。

同时，也要记住，并不是业务领域的所有关键角色都认为你处于同一位置。每个人认为你处在什么位置，会影响你可以与此人进行什么类型的对话，以及你与他们公司的多重关系的复杂结构。记住所有这些不同的关系很重要，不要犯"平均"的错误。如果史密斯将你的公司视为第一层级的供应商，而约翰逊将你视为第五层级的供应商，这并不意味着平均来说你是第三层级的供应商。正如我们一位经验丰富的销售顾问所说："如果你的头被冻住了，你的脚着火了，那么这不等于一个舒适的平均体温。"

PreComm 和 Datavoc 的买—卖层级结构

以上这些为我们提供了基础信息，建议你再通过自问并写下三个额外问题的答案，来评估你在业务领域的位置。

问题1：现在我们的组织在买—卖层级结构中处于什么位置？

问题2：去年我们的组织在买—卖层级结构中处于什么位置？

问题3：三年后，我们希望在买—卖层级结构中处于什么位置？

我们将以PreComm公司为例，并建议客户经理帕特·墨菲与团队成员协商后进行类似的评估。

问题1：现在我们的组织在买—卖层级结构中处于什么位置？在帕特·墨菲看来，PreComm被Datavoc视为第二层级。其提供的优质产品超出了仅仅可接受的范围，但尚未与Datavoc的人员（尤其是采购人员）建立足够好的关系，以至于无法自信地表示他们看重PreComm的价值超出产品本身。他说，证明这一点的证据是，过去Datavoc接受了我们的设计，只是为了看竞争对手是否也能做到这一点，以寻求更便宜的设计。这就是为什么我们终止了与他们的设计协议。显然，即使采购人员赞赏我们的部件性能卓越，但这还不足以让我们跃升至更高层级。但比一年前好多了。

问题2：去年我们的组织在买—卖层级结构中处于什么位置？帕特团队中的每个人都同意这个问题的答案是"更低"。当时，在PreComm撤回其设计协议后不久，Datavoc和PreComm人员之间的相互埋怨加剧了Datavoc采购人员和工程师之间的紧张关系。PreComm在设计方面仍然被认为提供了可接受的产品，Datavoc的工程师对此表示十分认可，但"设计创新"问题显然损害了双方的关系。帕特说，我们并不完全处于第一层级，因为他们的工程师站在我们这边。但他们的采购人员确实专注于降低单位成本。他们似乎并不关心部件的生命周期成本，而我们的单位成本更高。所以我想说我们已经接近第二层级了。

PreComm欧洲副总裁、团队成员罗伯特·格洛克（Robert Glock）怀疑公司在买—卖层级结构中的位置是否有那么高。"他们在玩弄我们。这就是我们终止协议的原因。他们甚至对双赢的安排都不感兴趣。在我看来，我们当时处于第一层级。而且他们的数据处理人员一心想让我们保持在第一层级。"团队成员讨论了罗伯特·格洛克的观察结果，得出结论，现实地说，一年前PreComm可能正在努力弥合第一层级和第二层级之间的差距。

问题3：三年后，我们希望在买—卖层级结构中处于什么位置？几乎每个人都想用"第四层级或第五层级"来回答这个问题。墨菲认为这不现实。他知道发展企业级关系需要时间，虽然公司可能已经准备好解决Datavoc的业务或组织问题，但改变Datavoc采购人员的看法需要时间。因此，应先专注于PreComm在通信工程和设计方面的专业知识，他建议团队的目标是建立第三层级"服务和支持"业务关系。他解释说："如果我们能够重新引入设计创新并将其作为一项付费服务，我们可以直接与Datavoc工程师合作，而不仅仅是满足他们的要求，这在总体上应该能够降低他们的研发成本。"这也将使我们能够引入新设计的无线控制器和VoIP（Voice over Internet Protocols）技术，以便极大地帮助他们提高系统的灵活性和可靠性，并为他们的电话通信提供一个新的平台。

团队成员同意，至少该策略应该让PreComm被视为服务和支持型合作伙伴。谨慎乐观的工程师大卫·欧森（David Olsen）看得更远。他指出，如果我们成功降低了Datavoc的研发成本，并帮助其占领了新兴市场，我们甚至可能被视为第四层级的业务贡献者。

可以从这个例子中看到，要想准确评估你在买—卖层级结构中的当前和潜在位置，不仅需要进行细致的研究，而且需要面对现实。记住这些要求，你现在应该能够在自己的业务领域进行类似的定位评估。完成之后，你就可以进入下一步的情境评估：收集基本的客户和市场知识。

第5章
准备信息

> 知识就是力量。
>
> ——弗朗西斯·培根（Francis Bacon）

好的客户战略需要有效管理正确的信息。信息的质量越好，战略越好。因此，一旦你选择了第一个业务领域并确定了你在买—卖层级结构中的位置，你就需要花一些时间来收集数据。如果把关系经营比作农业作业，那么这一步就相当于翻地整地。农民都知道，未经开垦的土地只会长出杂草。

我们知道，当听到"收集信息"时，你的目光可能会变得呆滞。或许你已经完成了你的年度客户计划，它的重量只是曼哈顿电话簿的一半，也许你觉得收集信息只是另一种形式的行政工作，会妨碍你的销售工作。这种常见的保留意见是可以理解的，但它们是错误的。

在米勒·海曼公司，我们发现许多所谓的客户信息是无用的，因此大多数计划会议也是无用的。这就是为什么；在本章中，我们为你提供了详细的指导方针，以获取团队可以实际使用的信息，你可以将这些信息转化为业务领域可利用的知识。我们承认，收集此类信息需要时间，并且需要所有团队成员的共同努力。但我们强烈建议你不要忽视这一步。这是为保证结果而必须做的艰苦工作。

你可能听过首字母缩写的GIGO，意思是"垃圾进，垃圾出"（Garbage

In, Garbage Out）。在计算机行业，这意味着一个程序的有效性只能取决于输入的内容。同样的原则适用于大客户经营。我们建议你在本章自问的问题，旨在探索你目前可用的最丰富、最可靠的信息。你将使用这些信息作为情境评估的输入。

信息源头

在哪里可以找到关于大客户的可靠信息？建议从以下几个维度查找。

1. **你自己在业务领域的经历**。这包括过去和"未来"的数据。过去两三年你向客户出售了什么，最好按产品线和收入细分，并合理预测在不久的将来你会向客户出售什么。在本书的后面，我们将为这些预测提供一个现实测试方法；现在你只要按目前的状况对未来业务做最佳预测。

2. **客户报告**。至少是客户的最新年度报告。它可以包括过去两三年的年度报告、最近的季度报告、促销手册，以及产品和服务资料。这些将为你提供该客户对其自身定位的看法，这是你在制定战略时必须了解的。如果你的目标领域是公司的部门或私人公司的一部分，那么财务数据可能不容易获得。但即使是公司业务部门和私人公司也会发布广告、进行促销，这可以让你了解他们如何看待自己。你拥有的信息越多，画面就越清晰。

3. **投资意见**。如果你与一家上市公司打交道，对其股票活力的评估可以提供有用的健康度检查信息。信息可能来自电视评论员、报纸报道以及投资公司自己出版的文献。

4. **互联网**。借助互联网提供的即时研究功能，10年前可能需要数小时才能从印刷品中收集到的公司信息，现在10分钟内就能在团队成员的笔记本电脑上显示出来。利用互联网，对于财务数据、组织结构图（或编制组织结构图所需的数据）、商业媒体上的文章，都可通过访问谷歌及大客户自己的网页获得。这是目前获得关于潜在业务合作伙伴的详细信息的最快、最新的方法。

5. 大客户中的人员。 在为选定的业务领域制定战略时，你的团队成员将直接与我们称为关键角色的个人打交道。请他们澄清你对其业务的理解。如你所见，这是我们将在整个LAMP®中推荐的一种技术。它在一开始就特别有价值。通过询问你直接经营的客户"你最紧迫的趋势和问题是什么"，增加你对客户的了解，并确定自己所在的层级。

你可能不认识大客户中可以给你提供这类信息的人，或者可能没有让你感觉舒服的人可以询问。如果是这样的话，现在是时候开始建立这种联系了。我们稍后会讨论将战略教练作为关键资源的问题。作为培养战略教练的第一步，试着在客户的组织中确定至少一个人，他对公司的运作有广泛的了解，而且对与贵公司开展业务有个人兴趣。从这样的人那里获得的信息可能有助于对其他信息进行有价值的检查。

除了寻找这样的盟友，你还应该联系那些让你感觉不舒服的客户人员。这是一项重要的现实检查，也是一种将你需要听到但可能不想听到的信息公之于众的方式。尽管回避不愉快的信息是常见的，也是可以理解的，但这从来都不是明智之举，因为它一开始就改变了你的想法，而且经常会使你的战略失效。

在开始信息收集流程之前，我们还有两条建议。首先，在LAMP®分析中，无论何时讨论你的业务领域，都应该从客户的角度出发。有时我们称之为"站在客户的立场思考"。这很难做到，而且经常会让那些以销售为生的人感到不自然。事实上，这根本不算什么。从实用的角度来看，你最好像客户一样看待事情，因为任何业务关系中的决定性因素都是客户对你提供的产品或服务的接受度。这种接受度不可避免地取决于客户而不是你的公司看待世界的方式。

其次，情境评估应始终在团队的共同努力下进行。在可行的情况下，应该力求对大客户的情况达成共识，但也要认识到，有时可能无法达成共识。团队成员会对客户中正在发生或可能发生的事情产生分歧。这很好——事实上，这很有价值，因为不同的观点会激发并测试分析过程。当出现分歧时，写下团队成员的不同解读，让他们解释他们的感受，讨论、比较，重新评估。好的战略制定是一个不断完善信息的过程。分歧往往有助于推进这一进程。

客户摘要

现在，我们将通过由三部分组成的信息收集练习来实施这些原则。在第一部分中，你的团队应该详细描述一下你现在在业务领域中的位置。该摘要应提供以下问题的书面答复。

你被如何定位？ 列出大客户中可能影响业务决策的所有人员，包括姓名、头衔和职位。指出哪些是与团队成员已经建立关系的人，以及哪些仍然是"未被覆盖"的人士——将任何未覆盖的人标记为潜在的风险区域或插上红旗。确定这些关键角色在大客户组织架构图中的位置；如果你没有这样的组织架构图，要么从业务领域找一张，要么自己绘制一张。在自己组织中确定与客户中每个关键角色的对接人员。最后，请考虑一下，大客户中是否有其他的业务领域，即你选择的业务领域之外的领域——你公司在这些领域有联系人或可能有感兴趣的商机。

在所选择的业务领域，我们公司的业务状况是怎样的？ 过去三年中，客户从我们公司购买了哪些产品或服务？逐年逐项列出这些信息，以及相应的收入。然后逐项列出在该领域中输给竞争对手的销售机会，并尽可能说明这些项目丢失的最可能原因。

你现在正努力争取哪些机会？ 明确定义本季度和今年想在该领域做什么业务。列明产品或服务、涉及的收入及预期的签单时间。如果这些正在跟进的销售机会中存在任何需要解决的问题或之前未解决的问题，也请将其记录下来，并将其标记为其他红旗区域。

采购模式是什么？ 该领域的采购是否与你公司的产品范围相关联，或者客户是否对更广泛的产品清单感兴趣？收入是在增加、减少还是持平？你公司提供的产品或服务的市场份额是多少？商品化的压力有多大？这对公司在该领域的战略有多重要？

最后，你与客户的关系如何？ 写下你目前与该业务领域的关系描述。换句话说，你的公司目前在买—卖层级结构中处于什么位置？记住，你在这个层级中的位置不是由你决定的，而是由该业务领域决定的。这一位置在过去一两年里有变化吗？如果有，是如何改变的？就你在买—卖层级结构中的位置达成共识，并写下来。

客户对情境的看法

接下来，你的团队应解决有关大客户当前业务状况的问题。

客户面临哪些重大变化？在动态的环境中，战略必须对该业务领域的重要变化做出快速响应。因此，让团队成员讨论一下业务领域并确定在以下领域正在发生的变化：

- 市场；
- 客户群；
- 产品或服务；
- 竞争地位；
- 市场战略和战术；
- 内部组织；
- 行业趋势和机遇。

对于上述业务领域，让团队决定业务领域最重要的三个变化是什么。把它们写下来。

收入和利润情况如何？写下过去三年客户的销售额和利润。这些数据是否存在上升或下降的趋势，或者公司的业绩是否持平？观察这些数据，不仅要从整个公司的业绩来看，还要从你所选择的业务领域来看。大多数年度报告至少将损益数据细分到部门级别，你也希望了解你的业务领域的财务情况。讨论大客户中关键角色是如何看待其公司盈利能力的变化的。他们对增长的长期预期和短期预期是什么？他们的KPI是什么？客户用来衡量其业务实力的KPI是什么？这些KPI的更新频率是怎么样的？谁负责更新？

正在或即将发布什么新产品或服务？在该业务领域，计划在未来12个月内发布的新产品或服务有哪些？尽可能详细描述关于这些发布的战略和所需能力。如果对于这些新品发布，他们有一些担心或预计可能会出现的问题，那分别是什么？

客户有运营或业务方面的问题吗？描述大客户管理团队面临的关键运营或业务方面的问题，尤其是那些可能影响稳定性或增长的问题。是否已制订或正在制订解决这些问题的计划？哪些人负责执行这些计划？这些人当中是否有人参与或可能参与内部重组？最后一个问题，请你考虑组织的稳定性或不稳定性。它是集中化、分散化还是以其他方式改变其管理结构？不要小看内部的这些变化。它们会严重影响你的大客户如何做出运营和采购决策。

客户面临的竞争是什么？在米勒·海曼公司，我们将大客户的竞争定义为其客户可用的任何替代方案，包括"内部解决方案"或什么都不做。因此，问问自己：大客户认为哪些公司或可选方案与其解决方案竞争？就公司层面的竞争对手而言，还要问：与大客户相比，竞争对手的市场份额是多少？大客户最近在竞争方面感受到了什么压力？

还有哪些事实或趋势是重要的？最近是否有可能影响大客户业务能力的政策或监管要求？新兴技术对其市场有影响吗？客户在做整合？多元化？外包？在此列出并讨论该业务领域内个人认为重要的任何内部或外部发展趋势。切忌，不要只找与你的业务相关的因素。你的大客户不是为你服务。无论出于何种原因，记录并写下可能对业务领域中的个人很重要的担忧。

客户对我们行业的看法

最后，团队尽可能实际地描述一下业务领域及你在该领域中的联系人，他们如何看待你所在的行业和你在行业中所处的位置。

他们如何看待你所在的行业？首先要确定他们对你和竞争对手的总体态度。他们是否认为与你所在的行业合作对他们的成功是至关重要的？与你的公司和其他供应商开展业务时，他们希望或期望得到什么样的贡献？他们对服务和支持的期望是什么？诚然，这些问题的答案可能是主观的，但这并不意味着它们是无效的，也不意味着你不应该相信你的直觉，或者你不应该向大客户的联系人要求确认这些看法。

他们的采购实践是什么？他们是总选择低价，还是考虑增值产品？他们对你和同类供应商的最低规格要求是什么？他们在多大程度上，以何种方式，试图迫使你的公司成为商品供应商？他们是在扩大还是缩短供应商名单？请注意不同产品或服务领域之间，以及客户部门或业务部门之间可能存在的差异。在你选择的业务领域中，客户用来决定你和竞争对手优劣的标准，你希望有区别吗？同样，注意最近客户采购模式的重大变化，以及你在其业务中所占的比例。

从竞争角度来说，我们做得怎么样？最后，问一下在这个选择的业务领域，你的公司如何衡量这一总体描述。客户认为你对他们的成功做出了什么贡献？他们给了你多少市场份额？与你的竞争对手相比如何？大客户中的关键角色如何将你的产品、服务和支持与你的竞争对手比较？他们觉得用另一家供应商的产品替换你公司的产品有多容易？讨论一下目前该业务领域在以下重要竞争维度中如何看待你。

- 业务关系层级。你处在买一卖层级结构中的什么位置？
- 对客户业务情况的了解。你对他们的驱动问题了解多少，并与他们分享了多少?

- 产品与客户需求的匹配度。作为供应商,你对他们的未来计划是至关重要的还是微不足道的?

- 客户组织中的接触点。你是否仅通过一个联系人联系,或者有多个联系人,能很好地覆盖所有关键角色?

- "愉悦"因素。大客户中的联系人喜欢和你一起工作吗,还是觉得你令人头疼?

- 产品和服务的价值。他们会说你给其带来的价值是最小的、可接受的还是极好的?

- 服务和支持。他们认为你的支持是勉强够、高于平均水平,还是卓越的?

在进行这些评估时,你可能会发现,用1~10分来给自己打分,或者更确切地说,确定大客户会如何给你打分是很有帮助的。如果客户的看法非常负面,则打1分;如果看法非常积极,则打10分。完成评分后,你可以基于相同的评分表,并讨论大客户如何评价你的竞争对手。然后比较一下评分。评分栏设为两栏可能会有帮助,其中一栏是"我们公司"的评分,另一栏是"竞争对手"的评分(见表5.1)。

表 5.1　业务领域评估

业务领域评估	我们公司(分)	竞争对手(分)
业务关系层级	9	7
对客户业务情况的了解	8	7
产品与客户需求的匹配度	5	9
客户组织中的接触点	8	7
"愉悦"因素	8	8
产品和服务的价值	5	4
服务和支持	9	7
总计	52	49

抵制"得分"的诱惑。在这里给出的例子中，将竞争对手的49分与自己公司的52分进行比较，并不能说明"我们正在淘汰竞争对手"。差别并没有那么大。除非两个总分之间的差距很大（如20分），否则不要从数字中轻易得出结论。

不要基于总分草率得出结论，相反，你应该看看各个单项分数。然后，尝试找出三个最重要的事实，即你的团队认为客户是如何评估竞争形势的最重要的事实。在这个例子中，可能是产品与客户需求的匹配度方面的显著差距（5对9），或者客户认为你与竞争对手在提供的产品和服务的价值方面几乎没有差异（5对4）。此外，问自己以下问题，用来验证以上评分的比较结果。

- 客户认为我们的竞争对手的主要优势是什么？
- 客户现在或将来需要什么，而这些都是无法从竞争对手那里轻易获得的？
- 客户现在向竞争对手购买产品或服务，我们需要做些什么才能让客户向我们购买？
- 在客户组织的哪些领域可能会发生采购政策的变化？
- 为了响应这种变化，我们是否必须在组织的更高层级改变政策，而不是在当前的层级？

重新评估

最后一个问题在组织和概念上都与买—卖层级结构有关。在本章结束时，最好返回层级结构，因为在情境评估中，没有什么比客户对你当前业务关系的看法更具有潜在的长期影响的了。

我们曾经在LAMP®研讨会上发现了这一事实的戏剧性证据。我们的客户是AT&T的一个区域分部，该分部的目标客户是一所主要大学。AT&T公司的员工提供了一款很好的产品来满足大学的需求，但他们很难扩大对这个大客户的渗透范围，因为他们对远程服务的承诺有限。一位团队成员告诉我们："客户似乎意识不到，如果让我们尝试一下会对他们有多大帮助。"

幸运的是，AT&T团队成员根据我们的建议，邀请了该大学的电信主管参加了LAMP®研讨会。在情境评估期间，团队负责人转向大学来的这位客人，表达了他们的沮丧："你怎么看待我们？"

这位大学电信主管的坦率回答让所有人都感到惊讶，除了他自己。他说："我们已经从区域网络公司采购了50年，而你们只是这个街区的新人而已。"

客观地说，将世界上最大的电信公司视为新人是不准确的。但对于大学电信主管和AT&T团队成员来说，这是一个完美的启示。这让他们认识到，无论做多少市场调查他们都无法得知，公司百年的声誉在这所大学里几乎毫无意义，因此他们在制定战略时必须考虑这一点。

用那个团队负责人的话来说："当听到对方的回答时，我感到无比震惊，这是一个警钟。我第一次停止思考我们如何看待这个客户，而开始思考他们如何看待这个环境。"

这就是你首先要收集信息的基本原因。

第6章
关键角色

"公司不是一个人，而是由多人组成的组织。因此，当你发展业务关系时，实际上是指这些部分的总和。

——戴蒙·琼斯（Damon Jones）

米勒·海曼公司战略客户经理

一旦你的团队通过收集业务领域的相关信息为其制定战略奠定了基础，现在是时候开始组织五个关键因素了：你将要应对的关键角色、影响业务领域的趋势和机会，以及你的组织在与大客户建立关系时存在的优势和劣势。在本书的情境评估的其余部分，我们将讨论这五个因素。我们先从关键角色开始。

在经营大客户时，你可能会与10个、20个或100个，可能对你建立关系产生积极或消极影响的人打交道。我们建议你不要忽视这些人中的任何一个，实际上，我们的战略销售®流程是专门为帮助销售人员识别在单个销售项目中的所有决策者而设计的。在LAMP®中，我们超越了单个项目销售中的决策者，而专注于那些随着时间的推移，始终如一且可预见最有可能影响你与大客户关系的人。这些人就是我们称之为关键角色的人。他们分为三类：

- 发起人；
- 战略教练；

- 反对者。

发起人：有权威、有影响力并提供支持

电视节目的发起人策划并认可节目活动。在LAMP®分析中，我们称为发起人的人为你的团队做类似的事情。但并非所有"喜欢"你、你的产品，甚至你的公司的人都一定会成为发起人。要被确定为业务关系的真正发起人，这个人必须满足以下三个标准。

有权威。 首先，他们必须对大客户中你所选择的业务领域行使一定程度的权力。也就是说，他们必须对推动你们业务关系向前发展的决定起关键作用。发起人可能就是我们所说的采购决策者：对销售方案做出最终肯定或否定的人。但事实并非如此。有时，发起人会是这个人的老板——一个不会参与低于一定金额的单个项目的决策的人，但他会建议其员工"调查"一些事情，这对提高员工的意识产生直接的影响，另外，他还会将潜在的关系纳入其关注范围。然而，无论你在哪个层面上找到发起人，他都会直接或间接地促成事情的发生。

有影响力。 其次，发起人必须能够影响其他人，影响那些对你发展关系不可或缺的其他人。在战略销售®中，我们告诫客户不要发展单一联系人，即只与一个关键角色建立工作关系。原因是，在复杂的销售情况下，没有任何的交易，也没有任何可靠的关系，只有一个联系人就靠得住，也不可能在没有多人参与的情况下能够继续发展关系。因此，如果你有一个联系人可以决定你在买—卖层级结构中的业务关系，但此人没有得到大客户中其他相关方的支持或只是勉强支持，那么你就没有真正可靠的发起人。发起人必须能够让其他人支持你，这样才能获得业务关系所需的广泛支持。发起人不必完全控制决策过程（事实上，没有人拥有这种绝对控制权），但他们的声音必须在客户中有分量。他们所说的必须能够影响所选业务领域中其他人对你的看法。

我们强调影响力的部分原因是，在寻找发起人时，许多团队都会犯一个错误，即只关注组织级别非常高的副总裁或其他高级管理人员，然后假设所确定的这些高级管理人员在客户中具有影响力。情况可能是这样的，也可能不是这样的。相对安全的结论是，副总裁在决策方面具有一定的权力，但这并不一定意味着这个人能够也愿意影响你正在建立的关系。例如，我们认识一家大型电信公司的销售副总裁，他必须将每笔超过五万美元的费用提交给首席运营官批准。经验教训是，你不能从组织架构图中选择发起人。你必须深入了解客户，与许多相关人员交谈，确定谁在你的所选业务领域有真正的影响力，而不仅仅是名义上的影响力。

提供支持。最后，发起人必须想发挥其影响力。无论出于何种原因，他都必须是你在大客户中的坚定支持者。发起人必须看到，双方公司之间的关系发展符合他们自己的利益。也许他们过去曾与你成功合作，并因此提高了他们的内部信誉。也许他们看到了你的公司在提高部门生产力方面所能带来的价值。例如，如果一位生产经理遇到了质量控制问题，他认为你的公司是持续改进的源泉，那么他很可能会成为发起人。根据定义，发起人希望你参与其中——不仅仅是为了某个特定的项目，而是为了长期合作。

识别或发展发起人对于LAMP®的成功至关重要。由一个以上的人担任这个角色是可能的，也是可取的。但如果没有至少一个发起人，你就无法建立持久的大客户关系。如果你的大客户中没有一个人符合上述三个标准，你应该立即将这一事实认定为重大危险信号，并发动团队共同努力，对这种情况进行补救。至少，你应该在大客户中列出相关人员，你的团队会考虑担任这一重要职位的合理人选，并指定某人与这些人进行初步讨论。如果没有一个发起人，你就不可能与客户建立超过第二层级的业务关系。

战略教练：具备可信度、支持度和洞察力

足球教练给球员提供建议和忠告。教练自己不踢球，但他帮助在场上的球员发挥出最佳状态。业务关系中的教练也起着类似的作用。他们提供了关于如何更有效地定位自己的可靠和有用的信息。在战略销售®中，我们谈到了单个项目销售的教练。而战略教练扮演着不同的、更广泛的角色，他们对你工作的影响在客户层面。要具备这样的影响，必须满足三个标准。

可信度。战略教练必须在大客户中具有重大影响力，通常是实际的决策权，有时甚至超出了你所选择的业务领域。优秀的战略教练必须在高级管理层中具有很高的可信度，并且在公司的各个层级都受到尊重；如果没有这种可信度，他们就永远无法获得你所需要的教练数据。

支持度。战略教练随时准备、愿意并且能够积极支持你在大客户中的努力。为什么并不重要。无论原因是理性的还是感性的、政治的还是专业的，战略教练都会在促进你在大客户中的份额提升。LAMP®战略教练不仅必须支持单个项目或计划，还必须就整个关系提供建议和指导，并且必须希望你长期参与其中。

洞察力。战略教练能够长期支持你的发展，因为他们可以为你提供只有内部人士才能拥有的洞察力。战略教练通常在大客户中担任高管职位，或者是可以听取高级管理层意见的高级顾问。所以他们知道大客户是如何运作的。他们在很高的层次上知道什么趋势让关键角色夜不能寐，他们的战略是什么，以及是什么驱动了业务。此外，在运营层面，他们知道如何制定预算和分配资源，以及如何做出重要的采购决策，这些信息对你制定好的LAMP®战略至关重要。要确定是否为战略教练，一个人必须能够并且愿意指导你，不仅在单个项目销售方面，还包括在提高你在大客户中的感知地位方面。这可以追溯到我们在第4章中讨论的买—卖层级结构。战

略教练可以确认你在层级结构中的位置，并可以为你提供有助于你改进的信息。

发起人和战略教练之间有着明显的相似之处，一个人同时兼任这两种角色并不少见。一位能够解释其组织运作情况并希望与你的公司建立长期关系的高级经理可能很容易同时兼任这两种角色。但这并不意味着所有发起人都是（或可以成为）战略教练。战略教练了解整个客户，而不仅仅是他的直接权力范围。例如，有质量控制问题的生产经理可能不会成为一名好的战略教练：因为他的业务范围太窄。但他所在部门的总经理或负责生产的副总裁可能是一个合适的人选。

与发起人一样，你的战略教练必须满足这三个标准，否则就要插上红旗警示。如果你没有战略教练，你应该把发展一个——至少一个战略教练——作为首要任务。在有效管理客户信息方面，最有用的莫过于一位了解大客户组织对你的看法的顶层人士。

反对者：为你的失败而努力工作的人

像发起人和战略教练一样，反对者对采购组织而言是可信的。他在客户中拥有权威，并可能对客户及其关键角色的想法产生影响。这就是危险所在，因为根据定义，反对者想让你出局，或者希望某供应商或其他供应商进来。无论他做什么，对你而言，反对者的作用是否定你为改善地位所做的努力。

有时，反对者的反对是基于商业理念的不同。在我们提到的制造公司中，可能有一位财务副总裁试图阻止你的参与，理由很简单，你的公司不是出价最低的公司。那个人显然是个反对者。在其他情况下，反对者可能认为支持你的竞争对手有利于自身利益，他们可能是使用内部资源的倡导者，也可能是外部顾问，他们认为你试图与大客户建立关系是对其权威的威胁。我们的一位销售顾问吉姆·沃特金斯（Jim Watkins）曾遇到另一家公司的咨询顾问对他建立关系持强烈反对意见。吉姆说："我们是同一笔预算的竞争对手，他对客户中的关键角色有着高度的影响力。所以把他认定为反对者是非常合理的。"事实上，在大多数情况下都是如此：无论是什么原因，正如战略教练认为你在客户经营中是赢家一样，反对者则将你定义为输家。

内部政治通常是制造反对者的一个重要因素，这些人希望你在"地盘竞争"等表面上"微不足道"的事情上出局。无数的关系陷入困境，因为反对者坚决反对战略教练或发起人想要完成的一切。事实上，这可能是最常见的情况，这也解释了为什么我们称这些人为反对者。根据定义，他们不一定反对你，而是反对你的发起人。在所有这些场景中，有一个是不变的：反对者反对你在大客户中的存在。

发起人和战略教练相对容易找到，因为他们通常希望被找到。反对者则不然，并不是所有坚决反对你、你的公司或你的发起人的人都会立刻站出来告诉你。事实上，这是罕见的。通常，你会遇到类似某软件集团试图与零售连锁店建立关系时遇到的情况。该零售连锁店的两位副总裁和IT运营负责人对软件销售团队印象深刻。因此，他们最初无法理解，为什么一位低级别参与者——网站管理员的抵制如此有效地阻止了他们正在进行的交易。进一步的调查显示，这位网站管理员只是一个"信使"。真正的阻力来自零售连锁店的首席运营官——一个与软件公司竞争对手有私人关系的人。这是一个典型的隐藏的反对者的案例。

当你找到一个直言反对的反对者时，你可以认为自己很幸运，因为一个公然反对你建立关系的人，一个直截了当地反对你想做的一切的人，比一个看起来像盟友但在背后搞破坏的人更容易理解和应对。遗憾的是，许多反对者证明了哈姆雷特的观察，"他对你笑啊笑，但他是一个坏人"。这也是在大客户中发展多个联系人如此重要的另一个原因。当你不确定某人对你的公司的真实想法时，多重视角可以为你提供一个真实性的检查。

几乎无一例外，拥有一位发起人意味着你也有一位反对者。因此，制定有效的大客户战略总是包括识别这些消极的关键角色，并探索"使他们的拒绝无效"的方法。反对者有时可以转化，当理解他们的自身利益不会与你的利益背道而驰，而且他们可以通过支持你而获胜时。毕竟，他们实际上并不是坏人，只是出于个人或政治原因不愿意支持你。其他时候，可以通过有效利用发起人和战略教练影响他们，进而使其保持中立。但有一件事他们无法接受，那就是忽视他们。

其他关键角色

在每个LAMP®战略中，你应该能够确定至少一位发起人和战略教练，并时刻关注反对者。但这绝不会穷尽那些可能以某种方式直接或间接影响你与大客户建立关系的人。这就是为什么我们建议，即使在你确定了"三大关键角色"之后，你的团队也要考虑其他关键角色。尽管这样的人可能不存在于每个建立关系的场景中，但他们的存在是常见的，有时是隐藏的，而且可能会是致命的。在确定其他关键角色时，请自问以下问题：

- 有没有其他人，无论是在大客户内部还是外部，可能会影响这个业务领域的决策方式？例如，我们是否全面审查了外部承包商、顾问或分析师的潜在投入？
- 在所选的业务领域，还有谁可能对关键角色具有高度的权威或影响力？那些在以前的交易中很重要的人呢，尽管他们现在看起来不太重要了？那些行业"大师"或技术、法律问题或员工关系方面的内部专家呢？
- 在所选的业务领域中是否还有除发起人、战略教练和反对者以外的关键角色？
- 我们是否有一种直觉，即认为某个特定的个人是重要的，即使我们无法确切地定义他有多么重要？

与你的团队就这些问题进行头脑风暴，并给出诚实的答案，这将有助于你将分析扩展到三大关键角色之外，并可能帮你识别出对你的战略有帮助的潜在参与者。

团队共识

一旦确定了所选业务领域中与制定客户战略相关的所有关键角色，你就需要确保你的团队与他们有效地保持一致。为确保这一点，请自问以下几个问题：

- 在组织内部，是否已经建立了跨职能的联系？
- 对于确定的每个关键角色，是否将其与自己组织中具有同等权威的人联系起来了？
- 随着关系的发展，是否确保建立了某种联系，以便在正确的时间提供正确的资源？

当两个团队的成员通过共同利益和相同的级别联系起来时，沟通协调通常都很有效，例如，财务人员与财务人员、法律人员与法律人员、技术人员与技术人员、副总裁与副总裁以及经理与经理之间的协调。然后，客户经理的角色是"协调"这一联系人网络，确保客户中的各个接触点在必要时被频繁激活，并且根据客户的战略进行联系，以实现共同的目的。

在客户经理既没有权力也没有政治影响力的情况下，还要做出有利于建立关系的事情时，让一名高级管理人员加入团队通常是非常有帮助的，与其说是一个接触点，不如说是"企业解围者"。例如，我们知道的一家公司，其所有区域副总裁和驻外经理都是其最大客户的客户团队的发起人。这种结构鼓励驻外经理支持大客户计划，即使纯粹地从地域角度来看，这些计划可能并不符合他们的利益。

识别 Datavoc 中的关键角色

为了将以上观点应用到真实的案例中,让我们看看帕特·墨菲和他的PreComm团队成员如何分析Datavoc中的关键角色。

帕特·墨菲的团队确定了Datavoc的两名工程师作为发起人。皮特·桑切斯是Datavoc在美国的高级工程经理之一,多年来与PreComm的工程师建立了良好的关系。他参加了在美国的一些早期设计会议,并确信PreComm的工程设计专业知识是帮助他更快地为Datavoc在美国推出新产品的关键。他已使这一点广为人知。此外,皮特·桑切斯对负责Datavoc欧洲生产部工程设计的马克·杜瓦尔也有很大影响。

另一位发起人是位于英国的工程经理艾伦·科茨,无论采购人员怎么说,他都相信PreComm团队可以帮助他个人和作为Datavoc系统质量负责人的角色取得成功。作为将Datavoc总裁马丁·乔瑟的愿景转化为现实的负责人之一,艾伦·科茨负责制造过程的工程部分,并面临着降低制造成本的压力。他认为,尽管PreComm的方法不会降低单个组件的成本,但它可以简化Datavoc当前必须使用的组件的数量和范围,同时提高可靠性。因此,艾伦·科茨倾向于让PreComm这类供应商与Datavoc合作,以降低供应链成本。

团队确定了一名外部沟通顾问作为战略教练,尼克·康斯坦尼斯。尼克·康斯坦尼斯曾与PreComm合作,向另一家制造商展示了VoIP技术如何帮助其获得竞争优势。他认为他可以为Datavoc做同样的事情。他正在与Datavoc的新产品设计团队合作,帮助他们更快地推出新模型和建立品牌。他知道,如果他们能够使用VoIP技术,他可以显著影响他们的交付周期竞争优势,同时提高其咨询公司的知名度。他已经与乔瑟总裁讨论了这一可能性,并向帕特·墨菲及其团队转达了他对这一想法的兴趣。

作为反对者,墨菲的团队确定了达伍·考夫曼,Datavoc采购部门的联系人——希瑟·里斯特直接向其汇报。达伍·考夫曼一年前担任行政总监，当时PreComm团队成员罗伯特·格洛克决定撤销与Datavoc的设计协议，在罗伯特·格洛克看来，达伍·考夫曼是"首席数字处理者"，他做出了必要的决定。双方因此结了仇。因为"放弃了Datavoc"，达伍·考夫曼从未原谅罗伯特·格洛克或PreComm，因此他的主要目标是将组件供应商拒之门外。

在考虑其他关键角色时，墨菲的团队意识到，除了工程和采购部门的联系人，他们不认识Datavoc中的任何人，例如，在欧洲管理层中没有联系人，这可能是推进战略的真正障碍，他们将其确定为红旗区域。

最后，帕特·墨菲的团队考虑如何将PreComm和Datavoc的关键角色最有效地联系起来，换句话说，如何与业务领域保持一致。他们决定，在确定采购或工程之外的其他关键角色之前，由帕特·墨菲和萨姆·琼斯领导的团队应该专注于影响希瑟·里斯特、马克·杜瓦尔和艾伦·科茨。在点对点接触的基础上，萨姆·琼斯和艾莉西亚应该专注于影响达伍·考夫曼，而戴维·奥尔森应该在任何需要的地方为关系提供技术支持。因为罗伯特·格洛克仍然是客户中的不受欢迎的人物，所以团队决定暂时让他留守观察，直到Datavoc准备好迎接他回来。

第7章
趋势和机会

> "人们不会把钱预留出来给供应商，而是把钱预留出来抓住机会。

> ——莎伦·威廉姆斯（Sharon Williams）

> 米勒·海曼公司销售顾问

情境评估的接下来的两个因素是影响关键客户环境的业务趋势，以及这些趋势所驱动的机会。

任何商务人士都不会惊讶于趋势会带来机会。这反映了我们共同的商业智慧。我们在讨论这两个因素时的不同之处在于，我们坚持认为，你不应该从公司的角度来看待它们，而应该从客户的角度——更具体地说，从你所选的业务领域角度。在LAMP®中，你帮助客户追求机会，但只是间接地追求你自己的机会。在许多组织中，这将被视为"异端"。但它对LAMP®分析至关重要，对维护LAMP®支持的健康关系至关重要。

考虑到这一条件，我们先来看趋势。

趋势：上升、下降和"不变"

我们将趋势定义为你所选业务领域的市场、客户群、客户行为或业务环境中的任何变化，这些变化对客户来说是重要的，而且是持续存在的。趋势是随着时间推移影响客户的基本模式。时间因素是至关重要的，如果不考虑时间，你的团队可能发现自己认为的所谓趋势，只是客户兴趣的短暂转变。

　　例如，在披头士乐队的第一部电影《一夜狂欢》中，一位流行歌星的经纪人在听到对她的表演的一条负面评价后，紧张地嘟囔着"这可能是一种趋势"。这就是偏执狂的一个例子，这种下意识的"情境评估"会导致模仿和模仿"战略"。为了避免成为这种被动的趋势定位品牌的牺牲品，我们建议你寻找已经发展了至少一年或更长时间的趋势。避免过于人性化的倾向，专注于100个积极因素中的1个消极因素；这100个积极因素，而不是1个消极因素，构成了趋势。

　　你已经看到了一些我们在第1章中所说的例子。我们描述了过去十年左右客户经营方式的变化，讨论了信息和通信技术的扩散、基于该技术的客户期望的上升、采购专家在推动供应商进入买—卖层级结构的第一层级方面的重要性日益增加、客户经理向业务经理的转变，以及对于针对跨职能团队的目标客户关系的需要。所有这些都是真实的趋势，并且所有这些都对当今客户经营的运作方式产生了直接、重大的影响。但其他可能对你的大客户同样重要的趋势，与关系管理没有那么明显和直接的联系。例如，考虑以下正在发生的变化：

- 市场和就业方面的竞争加剧；
- 非核心业务活动的外包（和离岸外包）；
- 公众对环境问题认识的提升；
- 更多围绕产品责任的诉讼；
- 市场、供应链和生产基地的全球化；
- 虚拟企业和虚拟办公室的增加；
- 客户忠诚度下降，流失率上升；
- 高管在大客户经营中的参与度的提高。

在这些广泛的经济趋势中，你可以添加一些行业、市场，甚至特定公司和客户群特有的变化示例。为了区分真正的趋势和市场波动,你寻找的指数应该随时间变化。例如,在航空业,9月11日的袭击对乘客的飞行意愿产生了直接的抑制作用。然而,这种影响虽然肯定是重大的,也肯定是航空公司必须应对的,但并没有持续到足以被视为一种趋势的程度。对于美国航空公司、联合航空公司、英国航空公司和法国航空公司等国家航空公司来说,一个更持久的影响是那些不起眼的竞争对手的成功。西南航空、易捷航空、柏林航空和瑞安航空等公司,已成功说服客户放弃惯有的福利(如机上餐食),以换取最低的价格和高质量的服务。这一趋势在过去和现在,都对主要航空公司的业务产生了重大影响。

或者,考虑一下我们一位同事在食品特许经营行业的案例。十年前,在与大学和医院等机构客户打交道时,产品的营养成分是第二位需要考虑的因素。如今,人们的健康意识如此之高,导致各机构对最终用户的需求做出了响应,这就构成了一个主要的市场趋势。今天,食品特许经营代表不能忽视这一趋势,否则对她来说是危险的,当然,快餐连锁店也是如此,麦当劳和汉堡王推出沙拉就是顺应趋势的例子。

当你的团队在你所选的业务领域环境中寻找趋势时,你应该特别注意方向。趋势可能会上升、下降或向海外移动,但它不太可能永远"不变"。例如,很少有"平增长"曲线是真正平的,原因很简单,环境不是静态的。假设一个客户在过去五年中一直是一个稳定的收入来源——每年25万美元的订单。这看起来可能是平稳的业务,但如果考虑通货膨胀对价值的蚕食,如果你所在的市场正在扩张,那么你的"稳定状态"客户根本就不是平稳增长的。在你们所处的环境中,客户的业务的真正趋势是下降的。

在发现趋势时,稍微持悲观态度是正确的。我们的建议是,在寻找积极趋势的同时,也要寻找消极趋势。如果市场全球化、竞争性技术的引入或油价的飙升对你所选的业务领域来说似乎是一种威胁,而不是一种机会，请不要否认。威胁通常可以转化为机会，但前提是你能看清威胁的本质。与所选的业务领域实事求是地开展合作，以解决潜在的负面影响。

我们的意思就是要与所选的业务领域合作。当你的团队对客户进行情境评估时，无疑会遇到混乱、分歧或信息缺失的问题。我们的建议是，将这些区域标记为红旗区域，并向最了解该客户的人（你的关键角色）寻求帮助，以确认团队的想法。因为 LAMP® 战略的基础是合作关系，所以应该经常检查你的评估与业务领域本身。因为没有人比客户更了解正在影响它们的趋势。

关于趋势的重要性，还有最后一点需要记住。无论客户是否意识到这一趋势，以及他们是否选择追随趋势或试图抵制它，该趋势都是存在的。然而，趋势往往会触发一个事件或条件，迫使客户迅速采取行动。面对真正的趋势，你的这些关键角色很可能想要完成、解决或避免某些事情。他们愿意这样做，而且往往需要迅速这样做，这为客户提供了我们所说的机会。

机会：是什么驱动了客户的业务

对许多公司来说，市场或客户中的任何一个开放的窗口都是不可忽视的"机会"。我们认为这是一种可爱的乐观主义，却是非常糟糕的战略。我们遇到过数百种情况，公司急于对每个招标邀请做出回应，而它的影响力却如此之小。事实是，每次所谓的机会来敲门，你都跑过去开门，最终会失去生意。因此，从定义上讲，对机会的追求必须是有选择性的。

这是一个不同寻常的观点，但不是激进的观点。在处理情境评估的第三个因素时，我们的激进之处在于我们坚持认为，你的团队应该识别的机会不是你公司的机会，而是你的大客户的机会。我们将机会定义为大客户对趋势的响应，或者定义为业务领域认为当前推动其业务发展的任何问题或需求（无论好坏）。

与趋势一样，机会可以存在于客户"外部"，即客户的直接环境或整个市场中，也可以存在于客户"内部"。事实上，你的市场营销部门刚刚为光纤传输定制了一个革命性的新配置，这可能（也可能不是）是你公司的一个优势，我们将在第8章讨论优势的概念。但这不是机会。当谈到机会时，我们指的是你在所选的业务领域必须加强或扩大与客户开展业务的机会。

LAMP®的一位客户保罗·维奇曼是Schwab Institutional公司的销售副总裁，他有一个很好的经验法则，可以帮助他的团队从真正影响业务的趋势中找出纯粹的市场趋势。他说，当试图找出趋势时，你很容易陷入固定思维中，因此，当我对人们进行这方面的指导时，我会要求他们找出哪些模式会影响客户的客户的采购决策。当获得这些信息时，他们真的开始像我们的客户一样思考问题。这是一个至关重要的观点转变，把视角转向了对客户来说重要的事情上。在我们前面提到的英国保险公司与其客户贸易组织合作的例子中，也体现了同样的优点；提供优惠费率不仅是对贸易组织的直接回应，也是对其客户，贸易组织会员呼吁的回应。

或者再回头看看食品特许经营的例子。在这种情况下，如果我们的同事从传统意义上考虑机会，她会想办法"投放更多的产品"，也就是说，增加大学客户从她那里而不是从竞争对手那里获得的特许经营额：这种意义上的机会可能与特殊折扣或季节性促销有关。但当她开始从客户的客户角度考虑机会时，她发现大学生对健康替代品的渴望（一种趋势）正在推动大学提供这些替代品的需求（大学的机会）。她开始考虑她的公司如何让大学满足这一业务需求。从长远来看，通过采用这一战略，她可能会获得更多的业务，但她只能通过"从客户的客户的角度思考"来实现这一目标。

在寻找大客户的机会时，如评估趋势，你的团队必须愿意采用顺势而为的策略。尝试在你所选的业务领域评估中找到至少会产生一年影响的机会，因此，这可能需要一年左右的时间才能完成。在这一点上，不要偏离主题，记下大客户为抓住机会必须采取的每个步骤。我们将在本书的下一部分讨论这些步骤。在情境评估中，重点关注中期可行性方案。

同时要记住，机会既有积极的形式，也有消极的形式。机会经常被描述为大客户认为需要解决的问题。这可能是积极的，如开发一个新市场；但也可能是消极的，如避免诉讼。如果你的客户的"房子"着火了，那么把灭火看作一个机会也不是没有道理的。因此，寻找可能导致紧迫感的消极情况，以及有希望增长或扩张的积极情况。

顺便说一句，如果你正在与一家上市公司打交道，寻找机会的一个好地方是大客户的年度报告，特别是在总裁的信函或董事长的报告中。向股东发表的高级别演讲阐述了公司高级管理层认为公司发展过程中重要的事情，他们认为推动业务发展的问题，以及他们决定投资的领域。我们的一位朋友苦笑着说："这实际上是一个循序渐进的路线图。看看第三段，这就是我们想要做的。"

让你的团队考虑以下问题的答案可能有助于确定你所选业务领域的趋势及其相关机会。

- 市场动态（趋势）中的哪些变化对你所选业务领域的环境影响最大？写下最重要的三个趋势。
- 这些趋势至少存在了几年吗？
- 你所选的业务领域如何应对这些趋势？这些趋势驱动了哪些问题或业务需求（机会），无论是积极的还是消极的？写下最重要的三个机会。
- 如果帮助业务领域实现其中一个或多个机会，将为其带来什么价值？能帮助其应对哪些趋势？
- 实现每个机会都会产生至少一年的影响吗？
- 这些机会中是否有非常好的，也就是我们必须跟踪并抓住的机会？

在该业务领域中，如果无法抓住机会，会产生什么影响？

与趋势一样，即使你确定这些问题的答案，也应该与业务领域确认你的情境评估。如果你想让客户看到你给他们带来的价值，你就必须通过他们的眼睛看世界，并征求他们的意见。如果你不愿意这样做，你能给他们带来什么真正的价值？

Datavoc 的趋势和机会

回到现实的例子，下面是帕特·墨菲和他的团队如何看待Datavoc面临的趋势和机会。请记住，他们已经把业务领域定义为Datavoc的欧洲生产部门，而不是Datavoc公司整体。他们成立了一个五人团队，与该业务领域建立关系，并在客户中确定了几个关键角色。当他们转向趋势和机会时——从该业务领域的角度来看——他们发现了以下几点。

在讨论趋势时，团队最初提出了八个重大变化，这些变化超出了影响全球市场的总体变化，如我们之前提到的技术和外包发展。

- 趋势1：环境保护主义者要求减少能源和资源使用的压力越来越大。
- 趋势2：对员工和消费者的健康与安全保护的法律压力越来越大。
- 趋势3：产品责任索赔导致保险费用不断攀升。
- 趋势4：来自亚洲低成本进口产品的竞争压力。
- 趋势5：Datavoc的竞争对手更快推出新产品。
- 趋势6：欧洲生产的产品利润率下降。
- 趋势7：设备间通信日益复杂。
- 趋势8：消费者要求降低电话成本的压力。

帕特·墨菲和他的团队认为这张清单简洁而全面，他们发现Datavoc的潜在问题已经在三大领域出现：趋势1、2和8基本上反映了来自外部和公众的压力；趋势3和6反映了成本问题；趋势4和5反映了竞争压力。趋势7也会带来竞争压力，因为Datavoc的竞争对手将努力开发利用这一点的产品。为了更清楚地了解哪些是真正让Datavoc高管夜不能寐的原因，他们请Datavoc的沟通顾问尼克·康斯坦尼斯给他们一些指导。

尼克·康斯坦尼斯说："每个人都对环境和健康问题保持警惕。"但在Datavoc，市场营销和法律团队对此进行了合理的处理。最让马丁·乔瑟总裁及其团队担忧的是生产成本的上升，欧洲劳动力成本及其后续引发的债务诉讼都对生产成本造成了负面影响。当然，全球市场的竞争始终是一个值得高度关注的问题，特别是考虑到最近的亚洲竞争者，它们可以用更低成本生产产品。

在与尼克·康斯坦尼斯会面后，帕特·墨菲的团队将清单上的趋势进行了合并，并将清单细化为LAMP®战略建议的三个最重要的趋势。

- 趋势1：产品责任索赔导致保险费用不断攀升。
- 趋势2：来自亚洲低成本进口产品和更先进产品的快速上市带来的竞争压力。
- 趋势3：欧洲生产的产品利润率下降。

帕特·墨菲的团队进一步利用战略教练提供给他们的信息，然后开始关注机会。从业务领域的角度来看，团队已经确定了一个机会——事实上，在年度报告中已经详细说明了这一点。这就是马丁·乔瑟授权的新成本削减计划，他将该计划与全球商品采购计划直接挂钩。帕特·墨菲的团队认为，其他机会应该解决Datavoc的其他关注点，即全球竞争和产品上市时间慢。他们确定了以下三个最重要的机会。

- 机会1：通过全球商品采购降低生产成本。
- 机会2：通过缩短新产品和更先进产品的上市时间提高竞争地位。
- 机会3：降低产品组件故障的成本和由此产生的责任。

你可能已经注意到，正如帕特·墨菲的团队注意到的那样，除了准确描述Datavoc的感知需求，这里确定的三个机会中的每一个都会带来一个问题，PreComm可能会帮助提供解决方案。作为一家采用VoIP技术的高度可靠的通信组件的供应商，这家美国公司可能处于有利地位，可以帮助这个特定的大型客户降低生产成本，更快地进入市场，并确保更高的产品可靠性。

客户的机会与PreComm的能力之间的这种结合并非偶然。事实上，这是一个试金石测试，你应该在评估机会的过程中一直应用它。因为LAMP®是一个双赢的流程，真正的机会就是共同的机会。这是一个你可以帮助客户解决的问题。因此，当你调查你所关注的业务领域需要解决的问题时，你还应该考虑你可以带来什么——你的公司可以交付什么样的产品、服务或提供哪些专业知识的支持来解决业务领域的问题。

我们称这些要素为战略优势。我们将在第8章讨论它们。

第8章
优势和劣势

> **比赛可能并不总是对速度快者有利，也不一定总是强者获胜。但这就是游戏规则。**
>
> ——达蒙·鲁尼恩（Damon Runyon）

你可以利用自己的优势帮助你的大客户抓住机会。这句话听起来合乎逻辑，但需要澄清，因为在许多（如果不是大多数）企业环境中，人们所宣传的自己的优势根本不是优势。要了解我们的意思，你可以查阅任何年度报告、产品手册或营销宣传资料。你会在每一页上看到关于所谓优势的生动描述。考虑以下典型示例。

- 我们提供下一代数据清理功能。
- 我们的业务遍及四大洲。
- 我们的XVZ车型在汽车设计方面赢得了久负盛名的大奖。
- 我们正在资本扩张方面进行重大投资。

当然，这些描述令人印象深刻。从表面上看，先进的数据清理功能、全球盈利能力、设计奖项或资本扩张当然没什么问题。但这些真的是优势吗？答案取决于你如何定义优势。

基于LAMP®战略来回答，答案将是"可能是优势"，或"有时是优势"，或"在某些情况下是优势"。就其本身而言，这些仅仅是能力，不太可能在任何情况下都被视为优势。在当前情况下，确定此类能力是不是你的优势的唯一方法是，找出你的大客户从中看到的价值。在本章中，我们将通过讨论一种被称为战略优势的特殊能力，向你展示如何确定这一点。因为将讨论你组织的能力，所以我们可能会要求你暂时跳出客户的角度，开始从自己的角度看待问题。这只是部分事实。是的，战略优势是你的组织为大客户提供的解决方案或能力，在某种程度上，它们由你决定。但它们的价值——这才是最重要的——是由客户决定的。这意味着它们作为优势的有效性仍然取决于客户的认知。它们是你的能力或成就。只有当大客户这么说时，它们才会成为你的战略优势。

要想被认为是真正的战略优势，你的组织能力——你所能带来的——必须满足三个条件。

- 必须被视为能够为大客户带来价值，因为大客户的员工定义了价值。
- 必须能够帮助业务领域抓住机会。
- 必须使你的公司与众不同。

定义价值

我们在第1章中提到，在销售自动化的早期，硅谷的主要敌人之一是"用户采纳问题"，也就是说，有经验的销售代表（其中一些拥有数十年经验）不愿采用公司强制要求的计算机驱动的客户管理系统。这是一个典型的失败案例，也是公司误读自身优势的经典案例。软件供应商对产品本身的能力感到兴奋，它们认为这些能力也是明显的优势。但目标客户群体并不这样认为——事实上，他们把新技术看作一种噱头，使他们在销售方面还不如以前那么高效。

只有在软件供应商开始向销售人员展示新技术如何提高生产力，从而提高他们的收入之后，像SFA和CRM这类软件产品才开始流行起来。在这一点上，销售人员已经看到了与个人相关的价值。在那之前，所谓的新系统的优势——丰富的数据处理能力——根本不是优势，更不用说战略优势了。事实上，因为它疏远了客户而不是吸引了客户，这种技术优势成为营销劣势。在建立关系方面，这是一个劣势。

第一个标准——"战略优势的价值由客户决定"，源自米勒·海曼公司最受人尊敬的一条训诫：在概念销售®中首次提出的理念，即没有人购买产品本身，人们购买他们认为该产品对他们有用的东西。这里的"产品"的含义非常广泛。你可以在产品和服务之外的领域找到优势。例如，公司的核心竞争力、品牌、市场声誉、交付方式——这些以及许多其他领域都可能是优势的来源。但前提是客户认为它们完成了一些有价值的事情。在考虑你的战略优势时，这是起点。

匹配机会

如今，关于解决方案的讨论很多，以至于我们的一位同事失去了耐心，称之为"当代商业文献中最被滥用的一个词"。他讽刺地建议："你不应该将曲别针称为曲别针，而应该将其称为'纸质文件链接解决方案'。"

撇开幽默不谈，这句俏皮话中蕴含着一个宝贵的教训。我们已经从伟大产品的时代进入了"全面解决方案"的时代，在我们做出这一转变的过程中，存在着一种危险，即我们提出的现在被称为解决方案的产品，将像几年前老式的产品规格一样，严重偏离客户价值。再次强调，为你的大客户提供解决方案本质上并没有错，无论你将其称为量身定制、定制、全面的解决方案，还是简单的总体解决方案。危险在于假设，因为你提供了一套全面的产品、服务和支持包，所以你的客户必须以你的方式看待这套解决方案。

事实是，解决方案并不比产品具有更多的内在价值。例如，一家美国公司能够在世界任何地方为客户提供24/7帮助热线支持，并可能将其全球基础设施作为"整体解决方案"的一部分进行宣传。但假设你是一家只在亚利桑那州运营的客户，而且没有扩张计划，你有多在乎这家公司能在尼日利亚凌晨4点接电话呢？在这种情况下，这家公司的支持能力可能在亚洲、欧洲或非洲具有战略优势。但在亚利桑那州，这甚至不是一项"锦上添花"的能力。

因为解决方案和产品一样没有内在价值，我们敦促任何采用LAMP®战略的人将每个假定的优势与客户机会相匹配。我们在第7章中将机会描述为驱动大客户（而非你）业务的问题或需求。真正的战略优势有助于大客户抓住机会。它通常帮助客户修复或完成一些显而易见的事情。它也可能有助于改善问题或消除风险，在这种情况下，你将利用你的优势对抗客户的"红旗"区域。但无论你是在帮助推动业务发展，还是在控制损失，原则都是一样的。优势被视为有价值的，因为它能帮助客户抓住机会。

在良好的客户关系中，供应商和客户一起构建解决方案以抓住共同的机会并不罕见。前面提到的英国保险公司及其客户贸易组织，在合作制定优惠费率时就是这样做的。但是，无论是早期介入还是后期参与，你都必须根据客户自己的看法来检验你提交的解决方案的有效性。不这样做，可能会给客户留下致命的印象——无论是明示还是暗示——你比他们更了解他们需要和应该做什么。按照这种错误的信念行事，你大概会像一个勇敢的童子军一样，花了一个半小时帮助一位老太太过马路，而实际上她不想过马路。

定义差异

我们的第三个标准是，确保在为客户提供价值时不会忽视自己的价值。双赢是米勒·海曼公司所倡导的核心理念，因此这一标准与长期以来的理念保持一致。你想建立业务关系，但你也想赢——实际上，这意味着要战胜其他人。为了帮助你做到这一点，你应该寻找区别于竞争对手的优势，那些可衡量的竞争优势。真正的战略优势不是业务领域认为你公司可以提供价值，而是其认为你可以提供比竞争对手更好的价值。

当Johnson Wax公司的总裁塞缪尔·约翰逊（Samuel Johnson）在他的父亲山姆·色尼尔（Sam Senior）手下担任产品经理时，他提出一个研发杀虫剂的想法。山姆·色尼尔问他，这款杀虫剂与市面上在售的杀虫剂有什么不同。塞缪尔·约翰逊不得不承认，这款杀虫剂与许多其他杀虫剂没有区别。这表明相对于竞争对手的产品，这款杀虫剂在提供价值方面没有竞争优势。于是，山姆·色尼尔回到了实验室，直到他研发了一款与众不同的杀虫剂——一款闻起来不像杀虫剂的水性气雾剂。市场测试表明，这种新的香味不仅是一种固有的好处，而且让顾客感受到了它的价值，该产品很快在国内杀虫剂领域处于领先地位。许多其他杀虫喷雾剂也同样有效，但顾客发现，只有Raid品牌赋予了杀虫剂花香的独特价值。

零售业提供了无数此类差异化优势的案例，有些案例非常好。而所有这些成功的案例都遵循了上述三个标准。无论是产品功能、提供的服务、特殊级别的支持、组织能力还是其他方面，战略优势都被视为提供具有竞争力的差异化价值，以帮助客户抓住机会。如果你的组织没有满足这三个标准，那它可能仍然有很大的价值——毕竟，24/7全球支持是一个很有吸引力的提议——但没有战略优势。

在概念销售®中，我们认为，你为客户提供的解决方案的独特性，通常比产品或服务的客观特性和好处更能深刻地影响客户的采购决策。人们在独特性中感知价值。尤其是当你在买—卖层级结构中向上移动时，这种感觉尤其明显。在LAMP®中，只有你或你的组织才能提供的优势是完美的战略优势。其次是"相对战略"优势，这种优势虽然不是唯一的，但仍然被认为是比你的竞争对手所能提供的任何东西都更接近"独一无二"的优势。一个不是战略优势（或根本不是优势）的"优势"就是模仿他人的解决方案，无论其多么有吸引力，也都是每个人都拥有的能力。当每个人都拥有一样东西时，它就变成了一种商品，如果这就是所有你能提供的，那么你将永远处于买—卖层级结构的底部。

检查劣势

在开始制定LAMP®战略之前，需要识别的最后一个情境评估因素往往是许多缺乏经验的"战略家"首先关注的。或者，更糟糕的是只关注这个因素。这种对劣势的关注是非常普遍的。当我们建议客户定位他们的战略优势时，他们中的许多人首先会说的是"那些劣势呢"。

从字面上讲，劣势是你可能"受伤"的地方。是的，你需要找出劣势。但是，许多公司浪费时间来防止"受伤"，因此，在这一点上，我们打破了传统观念。我们建议你将精力集中在发挥战略优势上，并将优势集中在解决大客户的长期机会上。当面对竞争对手时，要集中精力解决一两个重大劣势，如果不采取行动，这些劣势可能会削弱你的战略优势。在你们的关系中，寻找更传统的被称为"致命弱点"的东西，然后认真对待它，并调集所需的一切资源来消除它。

当然，这并不总是容易的，因为"致命弱点"可能是隐藏的。因此，在发现和消除劣势时，我们建议你牢记三个标准。

- 劣势可能带来非常严重的后果。它不仅是一个你可能需要解决的危险信号，如果无人关注，它还会对你在业务领域的战略地位造成重大损害。
- 劣势意味着价值缺失。这通常涉及缺乏知识、能力、资源或其他对关系至关重要的东西，而业务领域恰恰认为这些是增值因素。
- 即使劣势可能是隐藏的，但如果你所选的业务领域的关键人物意识到了这一点，他们会认为这是一个严重的问题。

考虑到这些标准，你应该清楚的是，一系列非常严重的缺陷可能被认定为劣势。这些缺陷可能与你的产品、附带的服务或支持系统、时间安排、对客户至关重要的个人、市场动态变化或任何其他可能威胁关系的因素有关。其中一些是显而易见的，如严重的产品故障或公司即将破产。还有一些因为大客户的指出而变得很明显。当这种情况发生时，重要的是果断而迅速地采取行动，因为这些是关系"杀手"。

我们公司有一个很好的相关案例。我们曾与一家大型会计师事务所有业务关系。几年前，我们发现，尽管事务所的员工对我们的流程非常感兴趣，但事务所高层管理人员觉得，除非我们工作坊的研讨能用计算机程序来进行练习，否则他们无法有效地实施这些流程。当时——这是在笔记本电脑普及之前——我们没有这样做的设施，而且我们意识到把所有东西都放在磁盘上是一笔巨大的投资。然而，随着讨论的进行，越来越明显的是，除非我们能够找到一种方法提供他们认为的价值，否则我们将失去这个客户。因此，我们将缺乏计算机能力视为一个劣势，并迅速采取了一些措施。通过让一家软件公司参与编程，我们得以开发出三方合作项目，消除了会导致我们出局的计算机程序缺陷。这是一个昂贵的提议，但因为这是维持与会计师事务所关系的唯一途径，我们认为这是值得的。我们确实得到了回报——共同的回报。数字化让我们和客户都受益匪浅。

在本案例中，早期检查和纠正措施能够将劣势转化为价值。但并不是所有的情况都是这样的，部分原因是大多数劣势并不是如此明显。

例如，我们曾与一家中等规模的咨询公司合作，该公司的最大客户是一家《财富》500强零售商。咨询公司将这一大客户的业务委派给了一位客户经理，这位客户经理没有团队，而他在大客户中基本上只有一位对应的联系人。长期以来，双方公司之间的合作一直是盈利的，而客户经理在多个季度的销售收入也都处于领先地位，以至于咨询公司并没有将这种"一人对一人"的关系视为一个不利因素，直到客户经理突然离开公司，带走了大客户的业务。这是一个明显的劣势被忽视的案例，并且一直被忽略，知道时为时已晚。

在检查劣势时，需要记住的一点是，正如我们的一位销售顾问喜欢说的那样，"它们不一定在我们的房子里"。也就是说，我们通常认为的劣势是我们的产品或服务有问题。其实劣势可能存在于任何地方，包括大客户本身，或者更广泛的监管、竞争和市场动态环境中。例如，如果你从事抵押贷款工作，利率上升的趋势可能很容易影响你的业务，使其成为一个劣势。因此，与其把劣势看作任何地方都可能有问题，不如将其视为对你建立关系的威胁。任何可能阻碍你的大客户进展的事情，无论其"身"在何处，都应被你的团队认定为劣势。你的团队应该就一个或两个最严重的威胁达成一致，你应该在你的大客户战略中包括消除这些威胁的计划。

在敦促你关注不超过两个劣势时，我们并不是要否认可能存在的其他问题。消除从次要到主要的劣势是所有LAMP®战略中的一个持续部分。此外，在进行情境评估时，你的团队可能会很好地识别出关系中两个以上的严重威胁。但是，集中精力一次消除所有这些威胁难以奏效，主要是因为这会分散你对战略优势的注意力。因此，如果你发现团队认为真正的劣势有三个或四个，建议你进行优先级排序。列出所有威胁，根据它们的严重性和紧迫性对其进行排序。然后，决定现在必须解决哪个或哪两个威胁。根据定义，这一两个才是你真正的劣势。

确实，你可能需要处理后续的其他威胁，如果长时间忽视，即使是轻微的威胁也可能会变成劣势。但是，既然你不能一次解决所有问题，而且你必须从某个地方开始，我们建议你应该从最大的威胁开始，并随着战略的发展，随时准备调整你的评估。如果你的汽车轮胎破旧、没有喇叭、刹车失灵，你知道你有这三个严重的问题，但今天只有一个问题可能是致命的。所以你把轮胎和喇叭放在紧急待办事项清单上，现在先把刹车修好。这是确定劣势优先级的合理经验法则。

PreComm 的评估

以下是帕特·墨菲团队评估其与大客户Datavoc欧洲生产部门建立关系的优势和劣势。首先要记住，真正的战略优势必须：（a）被视为能够给业务领域带来价值；（b）与业务领域想要抓住的机会相匹配；（c）将PreComm与竞争对手区分开来。然后，他们确定了以下七个潜在优势：

- 第1个：我们与这个部门合作时间长，并且合作期间都是盈利的。
- 第2个：我们是这个市场上仅有的两个全球供应商之一。
- 第3个：我们有足够的影响力，能够在全球成本最低的地区采购其想要的组件。
- 第4个：客户的工程师与我们的工程师相处得很好。
- 第5个：我们的设计能力首屈一指。
- 第6个：我们每次都准时交付。
- 第7个：我们比他们更了解通信技术。

当团队讨论这份清单时，帕特·墨菲的经理萨姆·琼斯指出，尽管合作关系一直是积极的，但最近经历了一些困难时期，因此合作历史本身可能不是战略优势。艾丽西娅·卡沃尼斯指出："这是陈旧的价值。我们希望他们现在能看到一些能给其带来附加价值的东西，而去年的产品无法做到这一点。"团队同意并将第1个优势从清单中划掉。几乎出于同样的原因，他们也删除了第4个优势。帕特·墨菲指出，与第1个优势一样，工程师与工程师之间良好的关系本身不会带来任何价值，而且太抽象，无法映射到特定的机会。最后，团队注意到第2个优势和第3个优势是相关的，第5个优势和第7个优势也是相关的。合并后保留了以下三个优势，似乎通过了三个标准的测试。

- 优势1：作为该市场仅有的两个全球供应商之一，我们有能力在成本最低的地区采购其想要的组件。

- 优势2：我们的设计能力和对通信技术的了解是首屈一指的。
- 优势3：我们的交付非常可靠。

帕特·墨菲作为记录员，写下了团队做出选择的理由。他们一致认为，优势1可以被视为支持总裁马丁·乔瑟的成本削减任务，从而为Datavoc公司带来价值。而且，由于只有一家其他供应商可以在全球制造业采购方面与PreComm竞争，因此该优势提供了相当高的差异化水平，尽管不是唯一的。Datavoc公司将优势2和优势3（设计能力和可靠性）视为给客户提供了一系列增值：PreComm的设计专业知识为其他制造商在更可靠的产品和减少产品组件故障方面提供了可衡量的结果——所有这些行动项目都在总裁乔瑟的议程上。优势3，可靠性，也有可能对业务领域的一个主要问题产生积极影响，即难以与竞争对手的快速发布时间表相匹配的问题。

谈到劣势，具有讽刺意味的是，从Datavoc的角度来看，PreComm与其他制造商的业绩记录实际上可能不是一个优势，而是一个劣势。事实上，VolP技术团队已经与Datavoc的主要竞争对手之一合作并取得了成功，因此设计能力的附加价值可能会被Datavoc视为令人喜忧参半的价值。

团队意识到，第二个潜在的劣势是，区域副总裁罗伯特·格洛克是不被Datavoc欢迎的人，至少在一位关键角色——采购负责人（已经确定为反对者）达伍·考夫曼眼中是如此。你应该记得，达伍·考夫曼对罗伯特·格洛克决定中止旧的设计协议感到愤怒，目前还不清楚罗伯特·格洛克是否要加入团队，也不清楚达伍·考夫曼是否会对与PreComm建立任何关系持开放态度。团队知道，良好的LAMP®分析通常侧重于单个最重要的劣势。但从实事求是的角度来说，第二个劣势似乎太危险了，不能被忽视，所以他们也把它记录下来了。

第9章
评估总结

"回顾形势……

——特维耶（Tevye）
顶级小提琴演奏家

在实际的LAMP®工作坊中，我们会让参与者将迄今为止发现的所有内容汇总到一页文档中来结束情境评估。因此，建议你的团队也这样做，遵循我们在本章中提供的回顾内容和指导性问题。作为参考，你可以在本章最后找到PreComm情境评估总结。

关键角色

在你的目标大客户中与你打交道的人中，找出那些在你所选业务领域中最重要的人。寻找我们定义的三种类型的关键角色：发起人、战略教练和反对者。并且，一定要写下你的团队认为可能在这个业务领域有影响力的任何其他关键人的名字。

有一些准则可以遵循。首先，如果没有发起人，考虑一下在你确定的人中，哪些人可能会发展成发起人。此时谁最能接受你的存在？他或其他人会成为战略教练吗？

其次，不要误以为你的客户中没有反对者。客户组织中没有人反对、怀疑或以其他方式抵制你在客户中的影响力或存在的可能性几乎为零。信息缺失会危及战略，因此，如果此时你一个反对者都找不到，那就把它标记为危险信号。去找大客户中最容易接受你的人，并询问他："谁想让我们出局？"

最后，不要满足于识别少于三个可以以某种方式（积极或消极）影响你战略的关键角色。目标是从所有与你的团队成员打交道的人中，找出那些对你与客户建立关系至关重要的人。如果这些关键的人现在还没有显现出来，你必须找到他们。我们所知道的最脆弱的关系是将战略建立在单一联系人的基础上。如果那个人被证明不可靠、被调走或死亡，那么你的"战略"马上就会变成纸牌屋。

趋势

现在，从你发现的趋势中找出那些对大客户最重要的趋势。选择三个写下来。记住，趋势可能存在于客户的客户中、所在的行业或整个市场中。选择它们之后，你可以通过询问以下问题来检查它们的重要性。

- 这是一种持久的趋势吗？它已经发展了至少一年吗？它是否有可能继续朝着同样的方向发展至少一年？时间线上的波动不算在内。

- 因为战略利用了优势，你能把这种趋势与你的一个战略优势联系起来吗？如果你或你的团队在决定哪些趋势最重要时遇到困难，问问自己哪些趋势最适合利用。无法利用的"大趋势"并不重要。

- 由于战略侧重于机会，你能否将此趋势与你的大客户的最佳机会之一关联起来？如果不能，那么将其标识为趋势可能是合理的，但是无关紧要的。你也要考虑到，业务领域的关键角色可能还没有决定如何应对趋势，在这种情况下，你可能走在趋势前面，可以帮助他们确立适当的应对措施。

机会

现在，确定并在总结中列出你所选业务领域中目前存在的三个最好的机会。你已探明的机会可能超过三个，但你不能一次解决所有这些问题。所以，最好从三个开始，问自己以下这些问题。

- 此机会是否存在于客户中而不是我们的组织中？这是他们想要完成、解决或避免的事情吗？
- 专注于这个机会是否会给业务领域带来至少一年或更长时间的良好回报？如果不是，那么在更短的时间内获得的预期回报是否足够好，以至于有理由以牺牲其他机会为代价来追求这个机会？
- 大客户是否有比这些更需要解决的机会？如果有，那它们就不是最好的三个机会之一。最好的三个机会是大客户必须解决的。

优势

一个好的战略是把优势集中在抓住机会上。在你所做的情境评估工作中，你发现了许多优势。最终，它们中的每一个都可能成为大客户战略的一部分。然而，对于你当前的战略和所选的业务领域，你应该确定能够帮助客户抓住机会的三大优势。

在选择这三大优势时，请记住，你是在内部寻找。根据定义，优势存在于你的组织、员工、产品线和能力中。另外，要想真正具有战略意义，还必须以独特的方式与客户建立联系，而且是你的竞争对手无法做到的。因此，询问自己以下几个问题。

- 这个优势对大客户业务的贡献是什么？换句话说，为什么大客户应该关心我们在该业务领域的独特优势？他们会从中看到什么价值？
- 这一优势将有助于业务领域抓住的具体机会是什么？
- 这种优势只能由我们提供吗？或者由我们提供比由其他人提供更好吗？

劣势

现在写下你最明显的劣势。和所有企业一样，你可能有不止一个劣势。你的决策过程太慢，或者你在试点市场上过度扩张，或者你的分支机构和部门经理之间的联系混乱，或者你在客户中没有明确的发起人。这些劣势中的任何一个或全部都可能"伤害"到你。我们要求你选择一个。如果你觉得不止一个，那就选一个可能最快"伤害"到你的。

如果你发现在这一点上存在真正的分歧，要么你没有认真对待"致命"的定义，要么你在寻找所有劣势，无论多么微小；或者你确实有不止一个劣势，放任不管可能会危及你的地位。如果你必须关注两个，那就一定要这样做。但有两个以上的"致命弱点"是值得怀疑的。

在识别主要劣势时，从来没有一个"正确"的答案。也没有必要。因为LAMP®分析是动态的，最终你将能够解决所有的劣势。现在就开始行动，做出明智的猜测——什么伤害（或可能伤害）最大。

检查与更新

现在，你已经列出了13个单独的条目：三个关键角色（至少）、三个趋势、三个机会、三个优势和一个劣势。你的情境评估总结现在应该类似于下面的PreComm情境评估总结。接下来，每个条目花一分钟左右的时间讨论，以证明你的选择是正确的。在每个选择下写一句话进行解释。例如，向巴西的扩张是一个很好的机会，因为这是一个尚未被开发的价值数百万美元的市场；里奇·奥诺罗是一名反对者，因为他与我们竞争对手的首席执行官结婚了；我们在推出3系列变压器时处于不利地位，因为我们在质量控制测试方面仍处于中等水平。如果你不能为每个选择给出一个好的、简短的理由，它可能没有你想象的那么重要，那么请团队重新思考，必要时进行修改。

另外，请记住，我们建议你的团队编写的情境评估总结，这仅仅是制定大客户战略的开始，而不是结束。它应该为你提供一个简明、合理的视角，让你了解现在你在业务领域中的位置。但这是一份临时文件，代表了你的团队对当前客户的最佳看法。由于组织和市场是动态变化的，总结不可能是完整的。所以，如果在某些细节上不清楚，或者某些图片似乎缺失，也不要担心。在有效的大客户战略中，信息收集和审查永无止境。通过描述当前大客户的现实情况，你为不断发展的关系奠定了基础。现在你将展望未来，开始构建。

PreComm情境评估总结

业务领域

Datavoc的欧洲生产部门

关键角色

发起人：皮特·桑切斯、艾伦·科茨

战略教练：尼克·康斯坦尼斯

反对者：达伍·考夫曼

其他关键参与者：除工程和采购部门外无联系人（红旗区域）

趋势

产品责任索赔导致保险费用不断攀升。

来自亚洲低成本进口产品和更先进产品的快速上市带来的竞争压力。

欧洲生产的产品利润率下降。

机会

通过全球商品采购降低生产成本。

通过缩短新产品和更先进产品的上市时间提高竞争地位。

降低产品组件故障的成本和由此产生的责任。

优势

作为该市场仅有的两个全球供应商之一，我们有能力在成本最低的地区采购其想要的组件。

我们的设计能力和对通信技术的了解是首屈一指的。

我们的交付非常可靠。

劣势

我们与Datavoc的竞争对手成功合作的历史。

达伍·考夫曼对罗伯特·格洛克的反感。

第3部分

战略分析

第10章
章程声明

> 如果你不知道自己要去哪里，那么最终你会去到别的地方。
>
> ——戴蒙·琼斯（Damon Jones）
>
> 米勒·海曼公司战略客户经理

一旦你的团队对当前与大客户的状况有了详细的、总体的了解，你就可以开始制定战略来发展关系了。这一过程的第一步——一个经常被忽视或分析不足的步骤——是在战略完全到位并取得成果时，从总体上定义你想要达到的目标。如果一切都按照你的意愿发展，三年后双方的关系会是什么样子的？

这个问题所隐含的前瞻性思维在大多数商业思维中并不常见，因为商业思维常常与季度报告联系在一起。但实践经验和学术研究都表明，可视化和定义理想未来状态的能力是成功与失败的人和组织之间的关键区别。例如，研究绩效的心理学家发现，高成就的人通常会养成两种"准备"习惯：他们在脑海中清晰地描绘出自己想要实现的目标，并写下对这些成就状态的描述。神经学研究人员还没有确定为什么这两种习惯与成功之间存在相关性，但科学界一致认为两者间是存在相关性的。

美国数学家诺伯特·维纳（Norbert Wiener）是控制论创始人，他在区分"知道如何"和"知道什么"时提到了展望未来的重要性。他说，发展前者比发展后者容易得多，如果没有"知道什么"，"知道如何"并不重要。为了实现任何有价值的事情，你必须牢记你活动的目的。当然，知道如何运行机器、运作营销活动或运营企业是很有用的。但是，如果你不清楚自己的目的是什么，那么世界上所有的技术或管理专业知识的价值是有限的。

美式足球传奇教练文斯·隆巴迪（Vince Lombardi）曾呼应诺伯特·维纳的观点。当被问及如何定义好的教练和糟糕的教练之间的区别时，文斯·隆巴迪说："知道最终结果是什么。"糟糕的教练对比赛的结果并不清楚，而好的教练是知道的。

本章将介绍一个叫"章程声明"的工具，该工具旨在帮助你的团队清楚地了解你希望的未来状态，即你希望两家公司在关系方面达到的状态。

章程声明定义

通常，当人们谈论公司要达到期望的最终状态时，他们用来描述这些状态的术语就是"目标"。我们在这里故意不使用这个术语，因为在LAMP®分析中，术语"目标"具有精确的技术含义，我们将在第11章中讨论。在这里，目标是你在努力履行章程时必须实现的中间步骤或组成部分。它们很重要，但不是章程提供的未来蓝图。

章程声明抓住了大客户战略的精髓，因此，从定义上讲，它是一份高层次的公司文件。但它也直接与团队希望在大客户中实现的具体、基于关系的成就联系在一起，特别是在你所选的业务领域中。因此，章程声明应与其他四份容易混淆的"规划"文件区分开来。所以章程声明不是：

- 潜在交易或约定的愿望清单；
- 季度或年度目标的行动清单；
- 预期收入预测；
- 定义CEO"愿景"的企业"使命"声明。

这些文件中的任何一个都没有问题——它们可能各有用处——但它们

不应与章程声明混淆。

一些非商业类比可能有助于理解定义。如果你在暴风雨中航行，章程声明将描述你试图到达的避风港。如果你正在努力减肥，章程声明将描述当你瘦身成功、体重减轻30磅时的感觉。或者以欧洲最著名的宪章为例——假设你是一位中世纪的英国男爵。你和你的男爵"团队"在1215年起草的《大宪章》（*Great Charter*）中描述了你期待与你的君主约翰国王建立的新关系。在所有这些情况下，章程声明定义了你想要到达的地方，而不是到达那里的中间步骤。

以下是章程声明在商业领域中的应用。在LAMP®分析中，我们认为一份好的章程声明回答了以下四个问题：

- 业务领域是什么？
- 我们会带来什么价值？
- 客户将如何获得价值？
- 我们会得到什么回报？

业务领域是什么？ 我们已经在第2章中讨论了业务领域，我们在第9章中指出，当进行情境评估时，你可能会发现你所选的业务领域比你最初确定的要窄或宽。我们在此重申这一点，作为LAMP®原则的一部分，战略制定是一个动态过程，在这一过程中，不断检查和修订是至关重要的。所以，假设你的团队现在确信他们已经准确地定义了业务领域，让我们看看好的章程声明的其他元素。

我们会带来什么价值？ 换句话说，能给客户带来什么好处？客户为什么要改善你与他们的关系，或者说，客户为什么要与你做生意？与一般LAMP®分析一样，在起草章程声明时，你应该始终询问自己可以为大客户的业务做出什么真实、可量化的贡献，而不是为你的业务。要有效地经营大客户，你必须通过客户的眼睛看到贡献，并交付可以提高其利润的价值。提前考虑价值为维持和发展与客户的关系奠定了基础。

对大多数商务人士来说，这既不是自然而然的，也不是容易的。当你提供你认为是好的产品或服务时，自然要从内部评估它的价值，"我们的调制解调器运行速度非常快""我们提供了东部地区最快的交付"，等等。但是，正如亚当·斯密（Adam Smith）在两个多世纪前指出的那样，市场体系不会容忍所谓的自然价值：产品的真正价值是指你能从中获得什么，而这几乎完全取决于客户认为它能为他们提供什么。这就是为什么必须扭转供应商思维的"自然"顺序，并从客户的角度陈述价值。

客户将如何获得价值？ 一份好的章程声明的第三个因素明确说明了实施你的解决方案将如何使业务领域获得你所描述的价值。这就是你伟大的产品或服务的"用武之地"。但它们是客户价值的显性证明，而不是其固有价值的证明。

我们会得到什么回报？ 我们没有忘记你的公司，也没有忘记这样一个事实：为了生存，你必须盈利。我们把这个回报因素放在最后，因为销售导向的人通常会把它放在第一位，并冒着忘记客户价值的风险。但问"我们会得到什么回报"是完全合理的，与所有米勒·海曼公司的流程一样，LAMP®植根于双赢理念，因此我们坚持认为，一旦你确定了将为客户带来的价值，你也将确保获得回报。食品行业主要油脂生产商Loders Croklaan的销售总监本·维利伯格（Ben Vreeburg）在警告不要起草理论性的章程声明时就考虑到了这一点。他说："你可以对自己的价值主张充满热情，但你不能忘记，最终，你也必须赚钱。"一份好的章程声明对你和客户都有价值。

突出重点

为了确保章程声明在措辞和内容方面得到有效定义，我们为客户提供了一个模板。它实际上迫使团队成员把最重要的事放在第一位。它看起来是这样的：

　　_____（业务领域）将通过实施/使用我们提供的_____（解决方案）获得_____（贡献或价值）。作为回报，我们将获得_____（价值）。

　　然而，即使有了这个模板，也很少有LAMP®团队能立即起草一份完美的章程声明。通常，初稿非常模糊，以至于很难从章程声明中看出团队打算提供什么以及向谁提供。其中一些章程声明读起来像占星师承诺回答一个没有人提出的问题。LAMP®研讨工作坊中的一个示例，说明了如何将这些语句打磨为可用的文档。该团队由一家电子公司的五名经理组成。他们的章程声明初稿如下：

　　我们将通过向通用航空公司销售电子解决方案来增加我们的钱包份额，这些电子解决方案为他们提供最先进的测试能力。

　　这是一个开始，但不是一个非常精确的开始。当然，这也没有反映出从客户的角度思考问题。它在几个方面都未能达到一份好章程声明的标准。首先，很显然，它强调的重点是电子公司的收入（钱包份额），而不是共同价值。其次，业务领域定义不明确。事实证明，通用航空实际上是一家有六大部门的跨国公司——一家庞大的公司，不可能作为一个整体进行分析或制定战略。最后，"电子解决方案"只略微比"总体解决方案"精确一点而已。

　　该章程声明的初稿也没有详细说明卖方的解决方案将解决哪些具体问题。也没有定义这家电子公司将提供的价值。与"解决方案"一样，"最先进的测试能力"也是一个很泛泛的描述。它不仅可以指电子产品，也可以指从塑料到人员管理的任何东西。从这份章程声明中甚至很难看出销售团队从事的具体业务。

　　最重要的是，这一贡献是向后阐述的。它说的是卖方发现的价值，而不是公司能给客户带来的价值。这似乎只是一种文字上的区别，我们的经验表明并非如此。一份好的章程声明会将客户看到的贡献表达出来。这个版本并没有告诉我们为什么通用航空公司需要最先进的测试能力。

当我们向团队提供这些反馈时，他们重新回到了起点。团队逐轮打磨优化，第二个版本要好很多，第三个版本更好，到第四个版本时（已经喝了15杯咖啡），他们拟出了最后的章程声明：

通用航空公司的航空航天部门将通过实施我们提供的市场上最精确的电子测试设备来改进其质量控制，从而保持其竞争优势。作为回报，我们将从买—卖层级结构中的第一级跃升到第二级。

该章程声明的最终版本定义了大客户的目标业务领域（航空航天部门），客户的底线价值（改进质量控制和保持竞争优势），他们将如何实现这一价值（电子测试的准确性），以及电子公司的最终目标（在买—卖层级结构中实现跃升）。它非常符合章程声明的所有四个标准。

这里还有另一个很好的例子，PreComm团队试图通过其业务领域（Datavoc的欧洲生产部门）获得更好的地位。经过团队成员数小时的讨论，以下是帕特·墨菲团队已达成共识的章程声明：

Datavoc的欧洲生产部门将通过使用我们可靠、经济、高效的组件和VoIP技术缩短上市时间，提高客户声誉。作为回报，我们将在该市场上获得主要的钱包份额。

请注意，该章程声明的思路顺序，即措辞，而不仅仅是内容，是如何遵循我们提供的模板的。它恰当地从强调PreComm将为业务领域带来的贡献开始，然后详细说明如何实现，最后指出为PreComm带来的价值，从而实现双赢。这是章程声明的另一个教科书式的示例。

诚然，事情并不总是这样的。有时，即使在四轮优化之后，仍然没有比第一个版本好多少。发生这种情况有两个常见的原因。要么缺乏关于大客户的基本信息，无法起草有效的章程声明，要么起草该章程声明的团队成员以不同的方式看待该客户或业务领域。第一种情况的解决方法非常明显：从我们在第5章中讨论的所有来源获取更多、更精准的信息。第二种情况虽然同样常见，但没有明显的解决方法。

我们在一次LAMP®研讨会上目睹了第二种情况。客户是一家大型保险公司，其目标客户是另一家大型公司——一家多部门的消费品公司。在研讨会的"章程声明"部分进行了10分钟后，客户团队陷入了僵局。一半团队成员针对大客户的养老金部门编写章程声明，另一半团队成员则针对大客户的索赔和福利部门编写章程声明。所以不是A公司针对B公司，而是保险公司的两个独立部门针对消费品公司的两大独立部门。自然会导致混乱。

其间，一位客户经理说："我们为什么不一分为二呢？"他们也这样做了，组建了两个团队，每个团队都有自己的职责和选定的业务领域，由此产生了两份明确的章程声明。在团队成员意见不一致的情况下，会有不同的解决方案。需要记住的一点是，LAMP®战略总体上是一项团队努力，因此，要想实现目标，团队必须协作。

一个忠告：当你在团队中工作时，很容易摆出胜人一筹或高人一等的姿态。要抵制这种诱惑。在LAMP®战略中，虽然可能有很多错误答案，但很少有只有一个正确答案的场景。目标不是起草一个"正确"的章程声明，甚至不是完全达成一致，而是以共识的方式，朝着一个共同的目标努力：更清晰地理解客户，从而更好地经营客户。

澄清问题

由于你不能也不应该只是简单地"填写模板"，因此我们为你的团队提供了一些指导原则，以供团队在情境评估中挖掘相关信息，并就章程声明达成共识。这些原则是对定义章程声明的四个基本问题的阐述。

业务领域是什么？ 为了帮助你确定所选的业务领域是不是一个可经营的部分，并且是可以合理经营的部分，我们建议你问自己以下几个问题。

- 信息。我们是否有足够的信息为大客户的这一业务领域制定战略？我们目前对他们的内部组织了解多少，如关于负责批准关系变更的人员，关于客户的问题、威胁和机会，关于它所属的行业？如果你对自己在这些关键领域中的任何一个方面对客户的理解都不太自信，请在往前走之前收集更多信息。

- 职责。在选定这个业务领域时，是在我们自己的职责范围内，还是侵犯了他人的职责范围？假设你的组织面向国际市场。作为北美客户团队的一员，你可能不适合为环太平洋市场制定战略，亚洲运营部门可能更适合。这并不意味着北美团队永远不应该试图开拓韩国市场，但这可能意味着，要想有效地开拓韩国市场，需要北美客户团队和亚洲运营部门之间开展合作，以确定谁应该负责哪些行动。

- 团队。我们是否确定每个团队成员都认同该细分市场的价值？除非起草者充分了解其潜力，否则任何客户战略都没有成功的机会，而确保这一点的唯一方法是让团队的每个成员都能在客户业务的持续发展中看到胜利。市场营销经理可能会将大客户视为开拓利润空间的机会；首席运营官可能会看到利润的潜在增长。赢的性质并不重要。但在某种程度上，团队中的每个成员都必须意识到，来自这个客户的更好业务将给个人带来的好处。

- 优先级。就我们目前的状况和未来的客户发展而言，所选的业务领域是否具有较高的优先级？我们已敦促你将目标锁定在那些在某些方面 "有问题" 的客户身上。但我们并不是指那些全新的、价值数十亿美元、几乎没有任何业务往来的客户。你应该专注于已经有很好的业务合作，而你的战略可以使它变得更好、更可靠的客户。

- 定位。我们能否定位于更广泛的客户细分市场？我们一直强调不要贪多嚼不烂，但也不能吃太少而饿肚子。如果你现在只与Geoplex公司的十家工厂中的一家有业务合作，那么你是否可以将这十家工厂全部覆盖？如果你在波士顿与公司有业务合作，你能覆盖整个新英格兰地区吗？你能从业务部门扩展到公司，或从公司扩展到整个集团吗？想想在接下来的一到三年里，你的业务领域可能会扩大到哪里。

在使用这些问题时，一些团队发现，正如我们的保险公司客户所发现的那样，他们必须将自己分成多个团队，每个团队都覆盖较小的业务领域。其他团队发现，他们对客户情况了解得如此之少，以至于在开始之前需要进行更多的研究。许多团队发现他们原来的业务领域太宽了，如不是航空航天部门，而是该部门的电路板子单元。利用这些问题来发现你自己的不确定性，必要时，调整你对业务领域的定义。

我们会带来什么价值？ 现在，从客户的角度认真思考一下，你的组织计划为其带来什么价值。这始终是章程声明中最棘手的部分，也是决定其成败的部分。你的目标是按照客户的认知来定义你的贡献；只有这样，你才能知道这是一种贡献。事实上，制定一份好的章程声明的一个指南是：咨询客户如何撰写这样的声明。如果你要求客户根据你提供的价值来描述一段良好的工作关系，那会是什么样子的？

要确定该客户是否会因与你公司合作达到新的业务水平而受益，请询问：

- 在章程声明中，我们对贡献的实际措辞是否强调了客户的看法？例如，这里有一句以供应商为中心的描述："我们将向客户出售我们的B12系统，这样客户就可以节省库存成本。"从客户的角度来描述是这样的："客户会通过使用我们的B12系统节省库存成本。"两者的区别很微妙，但很重要。只有第二个版本直接并立即回答了"能为客户带来什么"。

- 我们的贡献是否（能否）为该客户带来以利润为导向的结果？它能帮助客户提高生产力、增加销售额、降低成本，或者为客户提供更多利润吗？换句话说，你增加的"价值"真的会影响客户的利润吗？如果你不能证明这是真的，那么你的贡献可能没有你想象的那么有效。

- 我们所选的业务领域中的关键角色如何定义我们对其业务的贡献？如果你提供的价值对他们来说没有意义——如果他们没有意识到并承认它——那么它可能没有你的团队认为的那么有价值。如果是这样，请根据需要重新思考和修改。

客户将如何获得价值？ 现在，明确定义公司的哪些产品、服务或解决方案将确保对大客户有贡献。我们的意思是"实现"两种意义上的贡献：客户必须从你的贡献中获利，以及关键角色必须认识到这一事实。以下问题可以帮助你思考：

- 我们为类似客户做出了哪些相应的和可衡量的贡献？这些是否可以作为参考案例来向客户展示你的解决方案预期的收益？

- 我们是否试图为大客户提供更多不同的产品或服务？客户的兴趣是多样化的还是相对集中的？缩小你的服务范围并更充分地利用你最成功的领域有意义吗？

- 我们在与客户打交道时是否过于狭隘、保守？是否有迹象表明客户准备考虑选择更广泛的产品或服务？如果是，你应该寻找客户的哪些其他部门开展业务？你公司的哪些其他部门应该参与拓展这项业务？

- 我们展望未来了吗？根据公司最近与该客户的合作历史，在未来一年中，可能会开发哪些新的业务机会呢？接下来的三年呢？十年呢？

考虑以上这些问题，对你的章程声明进行适当的修改。理想情况下，你的章程声明不仅应该表明你现在所做的贡献，而且要考虑一到三年后，在更牢固的关系下，你可能会提供什么额外的价值。

我们会得到什么回报？ 最后，为了确保你寻求发展的关系是互利互惠的，请定义如果你的战略成功，你的组织将如何获利？利润可能包括预期收入，但事实上不需要，通常不应该局限于此。从定位和收入的角度，确定你希望为公司带来的广泛收益。然后通过以下问题检验这些收益：

- 它们现实吗？考虑到你在情境评估中发现的一切，包括大客户对你公司的接受度及你调配资源以满足其需求的能力，这些收益在未来一到三年内实现的可能性有多大？

- 它们公平吗？也就是说，它们是否与你计划用于该客户的时间和资源相称？如果你获得了这些收益，你的投资回报率是否合理？

- 我们将如何衡量它们？在资产负债表上？在客户评价方面？在新的法律安排方面？如果你真的在开展双赢合作，那么在三年（或更短的时间）内，你应该有具体的证据证明你所建立的关系正在帮助两个组织。

最终验证

最后，这里还有一些额外的问题，旨在帮助你根据现实验证你起草的章程声明。这些问题是严峻的考验。如果你的团队不能积极而热情地回答这些问题，你可能需要重新思考你对业务领域的看法，并重新思考这个章程声明是否真的准确地定义了你想实现的目标。

我们的关键角色能否在不做大量解释的情况下理解这一章程声明？如果该章程声明对旨在帮助其业务的人来说都不太清楚，那么在技术上或概念上有多么巧妙就无关紧要了。章程声明应该在没有行业术语和复杂实施场景的情况下定义你希望两家公司如何合作。他们必须能够在没有详细解释的情况下"理解它"。

如果把我们公司的名字从章程声明中拿掉，客户会知道章程声明是我们起草的吗？好的章程声明定义了你的公司与客户之间的理想业务关系。

如果客户无法在章程声明中"看到"你，如果他们无法将你的公司起草的章程声明与竞争对手起草的章程声明区分开来，那么要么你与其他供应商没有明显区别，要么你还没有明确定义你为客户业务带来的特殊价值。

如果达到了期望的状态，我们会在买—卖层级结构中处于我们的目标位置吗？无论你现在的位置在哪里，请记住，不同的关键角色以及三年后你的团队希望达到的位置都可能会有所不同，章程声明应定义你与这些关键角色之间的理想关系，以及在整个业务领域中的可能关系。如果你的章程声明没有含蓄或明确地描述一个理想的买—卖层级结构位置，它可能需要一些修改或调整。

我们是否愿意与关键角色分享这份章程声明？这是四个问题中最不寻常的，也是最关键的。最不寻常，是因为很少有公司如此以市场为导向，以至于愿意将客户纳入战略准备会议。最关键，是因为我们的数百个客户已经一次又一次地证明，和希望与之同行的人分享你想实现的目标是一个最可靠的测试，尤其是在战略的早期阶段。测试一下你想建立的关系是否有成功的机会。至少在这个层面上，建立企业关系与建立个人关系并没有什么不同。想象在一段婚姻中，丈夫对五年后的关系有着清晰的愿景，但不愿意与新婚妻子分享这一愿景。五年后，这两个人在一起的可能性有多大，更不用说达到丈夫心目中的"理想状态"了？

拥有最有效的客户战略的公司已经将分享章程声明的原则纳入战略制定的组织结构中。例如，我们举办了这样的研讨会，在起草章程声明后，团队成员将从其大客户中引入关键角色，以验证两家公司是否在同一认知层面上。在其中一次研讨会之后，我们听到一位大客户代表惊讶地说："你知道，这是我们第一次觉得你们对我们如何看待你们感兴趣。"这是双方关系向前迈出的宝贵一步。

举第二个例子，我们的客户Schwab Institutional，其客户群被划分为多个层级，其中最高层的头部客户由区域副总裁直接经营。该公司销售副总裁保罗·维奇曼（Paul Wichman）表示："每个区域副总裁可能都要负责这些头部客户中的五到十个。这对我们来说是一项重要的业务，我们希望确保这些客户在每一步都知道我们对他们的重视程度。在LAMP®战略中，我们要求客户经理每年与这些客户见一次面，并让他们彻底审查章程声明来实现这一目标。这是必选项而不是可选项。这是我们继续确保尽最大努力为这些优质客户提供服务的一种方式。"

英国领先的信贷咨询机构Experian也有类似的协议。该公司前销售总监托尼·利奇（Tony Leach）承认，与客户分享章程声明和其他战略信息并非自然而然的事。他解释道，这通常是一个信心问题。如果你真的不确定客户中的关键角色是如何看待你的，那么直接与他们分享你的分析是有风险的。特别是类似"我们认为鲍勃·巴克斯特是我们的反对者"这样的话。因此，人们通常不愿意直接这么做，他们试图说服自己，他们的客户分析是隐私信息，但实际上这比分享的风险要大得多。你真的需要坐下来和你的客户交流，获取他们的反馈。分享章程声明是你前进过程中必不可少的一项检查。

保罗和托尼说得很对。正如他们的公司和许多其他行业领导者所发现的那样，要想了解你是否与客户处于同一认知层面，最快的方法就是撰写一份章程声明，然后向他们展示这一页信息。正如保罗所建议的那样，定期这样做有助于跟踪客户不断变化的业务需求。就像一个好的LAMP®战略中的所有其他内容一样，章程声明不应被视为一个刻骨铭心的游戏计划，而应被视为一个动态的工具，为双方关系的发展方向提供了可靠的评估，但随着情况的发展，章程声明会经常被修改。

第11章

制定目标

> **人要是在这一天的事情到来之前知道它的结果该多好!**
>
> ——《尤利乌斯·凯撒》中的布鲁图斯

我们已经说过,章程声明描述了你的客户团队想实现的目标,即你的战略"目的地"。我们的一些流程专家使用航海比喻来阐明这一点,他们说,章程声明是对"一旦你的战略计划执行到位,你想要到达的'港口'"的描述。

水手不会沿直线接近港口。相反,为了利用不同的风向,他们通常会沿着通往目的地的方向来回移动,因此典型的前进路线更像曲折的台阶,而不是从海洋中央直接到达安全的港口。同样的原则适用于LAMP®战略。为了安全地到达章程声明中的"港口",你需要采取一系列必要的渐进步骤。这些步骤并不像隐喻中那样曲折,也不精确——但它们确实类似于水手的前进动作,因为这是组件运动的总体效果,目的是安全到达"港口"。

在LAMP®战略中,我们将这些步骤称为目标,并将其视为迈向更好价值点的增量阶段。在本章中,我们将解释我们对目标的定义与其他被更广泛使用的定义有何不同,我们将展示设定现实的、渐进的目标如何有助于实现章程声明。

为什么传统"目标"经常失败

为了实现章程声明,你的目标必须切合实际,并且必须与你的大客户的认知紧密相连。大多数组织为员工设定的"目标"很少能成功地满足这一双重要求。事实上，大多数公司设定的目标都是非常模糊的（"增加我们的市场份额"），而销售目标却非常精确（"将季度收入提高7.5%"）。这种双重困惑经常会让他们进入一个愚蠢的"幻想乐园"，在那里，真正的目标服从于计算机辅助的"预测"，而这些预测与可实现的结果之间几乎没有任何关系。在这个"幻想乐园"里，典型的"目标"在三个方面是不切实际的。

首先，它们是基于过去而不是当前的现实设定的，所以充其量只能是复杂的猜测或季度"预测"。

其次，它们过于专注于供应商。大多数企业在制定目标时都忘记了一个基本原则，即客户最终决定你的目标能否实现——客户根据自己的需求而不是你的需求来决定。

最后，它们完全是定量的。专注于现金流和市场预测参数，企业试图基于数字进行运营，并坚持所有目标必须在资产负债表上量化体现。

在LAMP®的战略设定部分，你将避免这三个错误来定义目标。你能够做到这一点，因为你将遵循一个独特的定义：在LAMP®战略中，目标是大客户认可和验证的定性定位。

目标的定性维度

这并不是说定量维度和收入不重要。当然，它们很重要——我们将在后面的章节中讨论实现收入目标的双赢方面时讨论其重要性。但在定义目标时，收入不应永远都被视为最重要的，因为大多数目标（正如我们在LAMP®中定义的那样）不能像在计算资本支出、许可费或人员成本时那样计算。我们知道，在任何由利润动机驱动的经济中，这听起来都可能是"异端"，但这是真的。你可以量化收入、工资和运营成本。但在大客户的长期经营中，真正的目标不会出现在电子表格上。

部分原因在于人们熟悉的短语"长期"。因为LAMP®将目标定义为期望的关系定位，而且稳固的定位从来不会在一夜之间发生，所以我们认为，你应该瞄准中期结果——使你更接近章程声明的步骤——通常需要一年或更长时间才能实现。如果你想在六周内实现一个目标，那么它可能对客户的成功至关重要，但它并不是我们在LAMP®中定义的目标。

另一个原因是，只有当你的大客户同意目标已经实现时，目标才会实现——通常是因为实现你的目标是客户已经实现其目标的信号。从某种意义上说，当你制定目标时，你实际上在争取客户认知——你的关键角色对与公司持续保持关系的心理承诺。正如你的章程声明中"贡献"的有效性和你的业务关系水平最终由大客户本身决定一样，你的目标也是由大客户间接决定的。事实上，查看目标的一种简单方式是将章程声明和买—卖层级结构联系起来。实现一个具体的目标应该有助于验证你在章程声明中的贡献承诺。依次满足多个目标有助于提高你在关系层级结构中的位置。

措辞的重要性

为了确保客户认知这一元素不会被遗忘，我们建议你应该始终用一个以客户为中心的特定模板来写下你的目标——这个模板的句子结构强调客户对你的看法。该模板还迫使团队制定目标，这些目标很有可能抓住客户的机会，并利用公司自身的战略优势。下面是模板：

被_____（看到、知道、承认、认可），

由_____（业务领域、战略玩家）

视为_____（供应商、合作伙伴、顾问、专家）

通过_____（优势）

帮助实现_____（机会）。

要了解这一模板在实践中是如何应用的，请回想一下我们的一位客户

在针对通用航空公司的航空航天部门时起草的章程声明。在该声明中，客户团队承诺提供"市场上最精确的电子测试设备"，以便客户通过改进质量控制保持竞争优势。以下是兑现这一承诺的目标的初稿。

目标：用我们更可靠、统一的方法替换他们目前拼凑的内部质量控制系统。

这是一个开始，但听起来更像一个销售目标，而不是一个经营目标，因为团队的视角是错误的。可以看出来，用这句话表述经营目标对他们有好处，但对客户没有好处。当我们要求团队从客户的视角重新表述时，他们提出了第二稿草案。

目标：通过用我们统一、系统的方法取代拼凑的内部系统，为客户提供更高的质量控制可靠性。

这样好多了。通过简单地重新排列句子，将"替换"改成"提供"，并引入关键词"可靠性"，更加强调客户的重要性。但客户认知的元素仍然模糊不清。因此，我们强调了客户对现实感知的重要性。因为战略地位始终存在于观察者的心中，所以你的目标陈述措辞很重要，因为它们强调了你希望被大客户中的关键角色如何看待。考虑到这一澄清——以及LAMP®表述模板——团队最终修改成以下这个版本。

目标：被航空航天部门视为供应商，通过使用我们统一、系统的方法升级其拼凑的内部系统，为其带来更高的质量控制可靠性。

这个版本切中要害。尽管第二稿和第三稿之间的措辞变化不大，但它们实现了一个重大转变，将焦点从卖方的贡献微妙地转移到了客户对该贡献的看法上。可以肯定的是，增值的"可靠性"很重要。但是，团队最终能够在这个客户中获得地位的改善并不是源于抽象的可靠性，而是源于客户将供应商视为业务成果的提供者。还要注意最后一句话是如何清晰识别并抓住客户机会（更高的质量控制可靠性），以及有助于解决问题的战略优势（统一、系统的方法）的。

我们对这个模板的坚持不仅仅是语义上的。我们曾与数百位《财富》500强企业的领导者合作。当我们坚持使用"被视为"这个短语时，他们中的许多人指责我们玩文字游戏——直到他们意识到这种"仅仅是语义"的手段是如何帮助他们像客户一样看待自己的。当你与大客户的关键角色分享目标并证明你认真对待他们的观点时，这会对他们产生怎样的影响。

PreComm 案例

关于从客户视角阐述目标的更多示例，让我们看一下PreComm团队为帮助实现其章程声明而提出的目标。你应该还记得章程声明是这样写的：

Datavoc的欧洲生产部门将通过使用我们可靠、经济、高效的组件和VoIP技术缩短上市时间，提高客户声誉。作为回报，我们将在该市场上获得主要的钱包份额。

以下是PreComm客户团队建议的目标，与第6章中确定的Datavoc关键角色有关。我们稍后将解释括号中的内容。

- 被艾伦·科茨视为可以信赖的供应商，能够提供具有高可靠性和最低开机报损率的组件（第二级）。
- 被采购部门确认为在灵活性和准时交付方面表现最佳的供应商（第三级）。
- 得到希瑟·里斯特的认可，被视为提供最佳的组件全生命周期成本而不仅仅是单位成本的供应商（第二级）。
- 达伍·考夫曼认为我们已经做了足够的工作来扭转我们对设计协议的终止所造成的损害（消除劣势）。
- 由皮特·桑切斯推荐马克·杜瓦尔作为Datavoc下一系列空调控制器的专家设计合作伙伴（第三级）。
- 被Datavoc的欧洲生产委员会视为帮助其持续控制成本的供应商

（第三级或第四级）。

请注意这些经营目标示例。

第一，尽管它们都没有涉及可衡量的具体内容，但也没有一个是模糊的。当我们说真正的目标是定性的时，我们并不是说它们是空洞的或抽象的。在通用航空公司的例子中，目标与质量控制改进挂钩。在这里给出的例子中，也有明确定义的业务元素——"全生命周期组件成本""可靠性""专家设计"。与章程声明的"贡献"部分一样，目标应该定义与你的业务、客户的业务和你的关系相关的具体目标。

第二，目标不仅描述了PreComm客户团队希望Datavoc总体上如何看待其公司，还描述了他们希望特定关键角色在其领域如何看待他们。谈论两家公司之间的关系并不是没有道理的，但出于实际目的，这种关系将在个人活动和个人感知层面展开。这就是为什么PreComm定义了有助于与关键角色建立健康关系的目标。这些关系的总和实际上等于公司关系。但是，如果没有各部分的总和，你就无法构建整个业务关系。这就是为什么在理想情况下，每个目标都应该满足一个或多个关键角色的个人或岗位职责需求。

第三，看目标是如何隐性或显性定义PreComm的优势对Datavoc机会的影响的。在评估其优势时，该团队发现PreComm的全球影响力使他们能够：（a）在成本最低的地区采购组件；（b）提供无与伦比的设计能力；（c）提供绝对可靠的交付。他们希望利用这些优势来应对Datavoc的三个机会：（a）降低生产成本；（b）加快上市时间；（c）减少组件故障。因此，例如，在编写上述第一稿目标时，他们利用其可靠性（优势）来满足工程师艾伦·科茨对可预测组件交付（机会）的需求。他们利用自己的设计能力（优势）来解决下一代产品开发（机会）的问题。在其他目标中也可以看到类似的优势和机会匹配。

第四，你会看到其中一个目标，不是利用优势，而是试图消除劣势。

我们已经说过，你应该一直利用"优势"工作。但是，当面临明显的劣势时，正如PreComm团队在这里所做的，在目标设定阶段解决这个问题是很有意义的。在这种情况下，解决两家公司之间的糟糕合作历史问题绝对是团队要考虑的事情，将其作为一个目标也没有不妥——尤其是因为他是反对者达伍·考夫曼，团队正在努力改善他对PreComm的看法。

第五，请注意，对于每个目标，团队都确定了买—卖层级结构的一个级别（如括号中所示），实现该目标将有助于更好地定位PreComm。有多个层级，每个层级都对应于特定关键角色对关系的感知。同样，这是合适的，因为在建立关系时，你必须与大客户的关键角色打交道，他们对关系有不同的看法，他们对你在层级结构中的位置有不同的期望。在这种情况下，请记住，目标和章程声明很可能会根据你在买—卖层级结构中的位置不同而有所不同。

制定目标

你不可能一次实现多个长期目标。在LAMP®研讨会中，我们建议客户首先聚焦在他们想要实现的三个最重要的目标上。由于LAMP®研讨会在很大程度上依赖于互动、审核和重新评估，随着时间的推移，他们有多次机会更新目标，但必须从可管理的三个最重要的目标开始。

然而，这三个目标通常是从一系列更广泛的可能目标中提炼出来的，在早期分析阶段，我们从不建议任何人不要根据这些暂时的定位制定尽可能广泛的议程。事实上，为了帮助客户团队制定多个目标，我们鼓励他们使用两种技巧。

首先是创造性的团队思维。我们是这个流程的坚定支持者，因为我们相信这句谚语："如果你只有一个想法，那么没有什么比它更危险的了。"在客户团队中工作，你有一个完美的机会进行创造性的集体思考，创造富有想象力的协同目标。

其次是从情境评估总结中推断——我们在第9章中讨论过的。在该总结中，我们确定了13种可能的客户定位的衡量标准：三个关键角色、三个趋势、三个机会、三个优势，以及你最致命的劣势。因为目标不仅必须与章程声明中定义的目标关联，而且必须与当前形势关联，所以你应该将情境评估总结用作催化剂，并作为对可能的最终结果的现实检查。

在寻求定义现实的目标时，你应该以交互的方式考虑这13个因素。我们的目标不仅是提出13个不同的最终结果——这可能不现实，而且会冒着让团队议程不堪重负的风险——还应该定义一些"最佳选择"目标，尽可能多地纳入这些关键因素。

一个理想的目标包含了你定位的每个衡量标准的一个要素。也就是说，它包含了一个独特的优势，关键角色利用该优势来抓住一个乘势而上的机会，同时消除你的重大劣势。这是一个复杂的场景，很难实现，但它仍然是一个很好的基准。至少，你的每个目标都应该符合我们在本章前面给出的"模板"中设定的标准。它应该显示你的某个优势将如何帮助业务领域（或关键角色）抓住机会，从而了解你如何为大客户的成功做出贡献。

检查目标

总结本章，正如我们在LAMP®分析中所定义的，目标通常是定性的，而不是定量的，可能需要一年或更长时间才能实现，最好从客户的角度来阐述。这是基线。一旦满足这个基线，我们建议你的团队根据以下问题衡量每个目标，以检查所建议的目标是否现实、合理：

- 这一目标是否符合所选业务领域的使命和紧急需求？
- 它是否有助于进一步抓住业务领域定义的特定机会？
- 我们的哪些战略优势将对实现这一目标产生影响？这种优势有助于抓住哪个机会？

- 鉴于我们目前在买—卖层级结构中的位置，这一目标在未来几个月内是否切实可行？如果实现了这一目标，我们的位置是否会向上移动，或者至少保持安全，如果这是我们想要的？

- 如果这一目标实现，哪些关键角色会认为我们为他们的最佳利益服务了？

- 实现这一目标将如何帮助实现我们的章程声明？

- 目标是否用客户理解的语言描述？

对照这些指导原则测试你的预期目标，应该有助于你从简单的"权宜之计"和不切实际中找出公司希望实现的真实（和现实）目标。但最后一个测试——这是最后一个问题所暗示的——甚至更严格。又回到了我们所说的让客户参与进来的问题。在你用白纸黑字写下你的目标后，把它展示给你所选业务领域的关键角色。如果这是一个有效的目标，他们不仅会理解它，还会接受它。

在很多情况下，我们的客户会告诉我们。当他们把一系列目标带给大客户时，大客户中的人会帮助他们调整措辞，使其更准确地反映新的关系。在其他情况下，团队成员通过询问客户来获取有用的信息："如果我们想在提供真正价值的基础上与您建立一种成功关系，我们必须为您的组织带来什么？"这两种情况都是真正合作的例子，它们提供了关于目标现实性的最佳单一测试。

回想一下我们讨论的客户团队制定目标以改进通用航空公司的质量控制的案例。如果他们向客户展示了该目标的初稿，决策者不太可能会支持它：客户自身的利益没有明确说明。第二稿可能会让客户感兴趣，第三稿几乎肯定会让客户感兴趣。它直截了当地说明了卖方希望如何被感知，以及它将如何实现这一目标。向客户展示第三稿是完全有意义的——充分展示了合作伙伴的意图。

当然，一旦这个目标被展示出来，通用航空公司可能仍然持怀疑态度，并且有充分的理由：清楚地看到一个互惠互利的目标显然不能保证你会实现它。但客户很难回答"我们不喜欢这个说法"或"这对你来说似乎是个糟糕的目标"。对双方来说，意图都过于坚定。这就是目标。毕竟，它只是一个预期的定位。与LAMP®战略中的任何其他定位一样，需要客户的认可才能成为现实。

在最好的情况下，客户的背书是公开的。不一定要在《华尔街日报》或《金融时报》上刊登整版公告，但要足够公开，让大客户中的其他人——以及更广泛的商业人士——意识到你对推进关系做出了重大贡献。一个真正有效的目标不仅仅是给大客户带来引人注目的利益。它也应该给客户留下深刻的印象，以至于其关键角色愿意为你的业务提供参考，并在内部和外部描述你的优势是如何促成其机会的实现的。

这种情况不会自动发生。通常，一旦实现了一个目标，你就需要在大客户中积极宣传或"推销"它，这样所有的参与者都知道你做了什么，而你的公司也会因为帮助客户抓住了机会而获得信誉。大客户可以通过多种方式提供这种信誉，从在全国会议或演讲中对你的认可，到新闻采访中提及你的贡献，再到在其网站或员工通信中发布令人赞赏的成功故事。具体的形式不如认可的事实重要。

归根结底，这是双赢的。LAMP®基于这样一个前提，即有效的客户经营需要为客户的利益服务，解决客户的问题——但不是作为一种无私的"赠品"或以牺牲自己的利益为代价。如果你帮助大客户获胜，你也必须获胜，实现这一目标的一种方法是让客户中的人承认你的贡献。如果他们不愿意这样做，你可能没有提供他们想要的价值，或者这个大客户可能对互惠互利的关系没有你希望的那么感兴趣。无论哪种情况，你的团队成员都需要重新评估情况。

我们现在将从目标转向具体的增量投资，使目标成为现实。

第12章
集中投资

> 如果你只关注那些为客户带来价值的投资，你将建立真正的业务关系，同时避免易于销售但不可能交付的常见陷阱。
>
> ——本·弗雷堡（Ben Vreeburg）
>
> 克罗克兰公司销售总监

LAMP®分析的下一个要素——集中投资，说明了为什么对有限资源的系统管理是大客户成功的关键因素，以及为什么有效管理对实现目标至关重要。根据这一理解，我们将集中投资定义为"将资源集中在实现一个或多个直接相关的目标上，从而提高在业务领域中的地位"。

在强调资源管理的重要性时，重申我们在第1章中提到的一点：事实上，当今最成功的客户经理必须在很大程度上像业务部门经理一样发挥作用，由这些资深人员承担大部分控制和损益责任。正如我们之前所说，"大客户经营正成为致力于建立关系的高级管理层的职责"。这些新获得授权的客户经理的成功，在很大程度上取决于他们及其团队如何明智地部署其组织在集中投资方面的能力。

正因为资源有限，明智的集中投资意味着从可以开展的一系列活动中做出选择，所有这些活动都可能有很好的论据（和有力的支持者）支持，因此，每次资源分配都是一场资源竞争。无论你是进行大客户选择，确定哪些目标最适合特定的业务领域，还是选择旨在实现这些目标的活动，这一原则都同样有效。

一个明显的原因是时间不足。即使你没有社交或家庭生活，醒着的每个小时都在工作，你仍然无法把所有的时间都投入建立关系的活动中——无论如何，这种一心一意的专注也不会有效。时间以外的资源也是有限的。如果你可以投入无限的资金、支持服务和人员来为你的业务领域确定一个最重要的目标A，你可能会在创纪录的时间内实现这个目标。但你的其他业务——或者，如果你是一个团队，你的大客户将因此陷入困境。

因此，当我们谈论资源集中时，我们指的不是狭隘的愿景投入，而是指相对而明智地集中多方努力。为了在实现目标的同时保持活力，你必须在各种活动中以最佳方式分配资源。当你选择投资活动A时，你还必须能够接受不投资活动B。这并不容易，而且经常涉及激烈的内部竞争。如果你决定为某个特定的大客户指派一名IT专业人员，那么其他客户将无法使用此人的时间和专业知识。如果你认为亚洲地区的发展是你首要的优先事项，那么拉丁美洲就成了一个次要的优先事项。

无论谁决定如何切这块蛋糕，每个人都知道它不是无限可扩展的。如果决定是你做出的，你需要有明确的理由从A点而不是B点切入。如果其他人做出的决定影响了你的权力范围，那么更重要的是要有一个明确的商业案例，向他展示支持你选择的智慧。

在本章和第13章，我们将介绍一些指导方针，以做出这些通常很困难的投资选择。让我们从一个关于活动的普遍的观察开始。当你的团队开始考虑投资决策时，他们可能会发现根据两个参数来衡量建议的活动是有用的：活动对客户或业务领域的价值，以及这些活动当前是否正在进行。如图12.1所示，这意味着你的团队基本上有四种类型的活动需要考虑——每种活动都需要做出相当明显的回应。

	当前没有进行	当前正在进行
有真正的客户价值	启动	继续
没有真正的客户价值	不要启动	停止

图12.1 活动类型

- 如果该活动有真正的客户价值，并且当前没有进行，请启动。
- 如果该活动有真正的客户价值，并且当前正在进行，请继续。
- 如果该活动没有真正的客户价值，并且当前没有进行，请不要启动。
- 如果该活动没有真正的客户价值，并且当前正在进行，请停止。

这些都是合乎逻辑和可靠的准则，而且都是通用的。让我们更具体地了解集中投资标准。

集中投资标准

当市场投资者考虑其投资组合中想要哪种证券组合时，她会问这样一个问题："在现有的哪个投资机会中，我最有可能在很长一段时间内获得高且平衡的回报？"在回答这个问题时，她会考虑当前股价、过去业绩和市场趋势等标准。她不像彩票或轮盘赌局玩家那样猜测，而是在知情的情况下下注，试图最大限度地减少自己的不确定性，从而降低风险。

这是明智的做法，每个大客户经营团队都应该采用类似的推理过程。遗憾的是，他们中的许多人在决定将公司有限的资源投放在哪里时，表现得不像精明的证券投资者（考虑长期仓位），而像去拉斯维加斯的一日游客（考虑短期收益）。意识到可用的资金有限，他们试图通过在十几个不同的数字上下小赌注来覆盖尽可能多的机会。偶尔他们会猜对，然后获胜。通常情况下，他们会像在数字7、14和29上下注的人一样被赔率压扁。

你不必依靠猜测来做出选择。与赌徒不同，你所掌握的信息可以降低资源投资的风险。不要试图消除风险——因为这不是一个完美的世界——

而要做出明智的分配。

我们指的是你在情境评估中获得的客户信息。在这里，你确定了五个关键战略要素：关键角色、趋势、机会、优势和劣势。当你的团队开始就如何分配有限的资源做出艰难的选择时，我们建议你仔细研究这五个要素，并考虑以下问题：

- 为了实现目标，我们需要把时间和精力集中在哪个关键角色身上？
- 在选定的业务领域是否有特定的流程被"打破"或需要专家干预？我们的哪些优势可以用于这些流程？
- 是否有业务领域中的任何趋势表明投资可能有助于提高我们的地位？
- 我们为这个业务领域定义的机会中，哪些机会因为其长期回报潜力而最值得投资？我们的哪些优势最能实现这些机会？
- 是否有一个业务领域可以集中投资资源，帮助我们消除或减少劣势的影响？
- 我们已经在客户中进行的投资是否值得？大客户是否确认投资带来了价值？

集中投资案例

让我们来看几个例子，了解集中投资在实践中是如何开展的。第一个案例是我们在章程声明一章中首次提到的电子公司——这家公司的目标业务领域是制造商的质量控制部门。客户团队定义的目标是"被航空航天部门视为供应商，通过使用我们统一、系统的方法升级其拼凑的内部系统，为其带来更高的质量控制可靠性"。在迈向这一目标的过程中，团队发现美国海军最近成了该公司的最大客户。将质量控制和海军信息放在一起，客户团队决定了以下两项集中投资：

- 为他们提供更好的质量控制流程和措施。
- 帮助他们更好地专注于如何向海军销售。

请注意，这两项集中投资都没有直接与即时收入目标挂钩。然而，每一项都与团队确定的目标的实现直接相关。

第二个案例来自一家包装公司改善与区域杂货连锁店关系的战略。在其章程声明中，包装公司的团队将注意力集中在"独特的包装，增加店内生产的烘焙产品的销售额"上——该团队正寻求提高该连锁店的市场份额，以对抗皮尔斯伯里（Pillsbury）和纳比斯科（Nabisco）等巨头。至于目标，该公司希望"成为引人注目的创新包装的主要供应商，促进店内烘焙产品的销售"。"让地区营销总部明白，我们认为他们是我们最重要的客户"（因为在高级管理层的定位不佳）。

为了更好地利用其资源实现这些目标，团队决定进行以下集中投资：

1. 为业务领域投资专门的艺术资源。

2. 加强与其市场营销部门的联系，提高地位。

3. 建立对等的高层关系。

同样，这些集中投资都与单个业务没有直接关联。但很明显，它们都与整个业务以及两家公司之间日益亲密的关系有关。它们也高度符合我们建议的标准。

- 投资决策1和2利用了优势——包装公司在视觉呈现方面的专业知识。包装公司还利用了这家杂货连锁店对扩大市场份额感兴趣的机会。

- 投资决策3试图通过在层级结构中发展关键角色来消除定位不佳的劣势。

最后一个例子是帕特·墨菲的PreComm团队在寻求改善与Datavoc欧洲生产部门的关系时提出的集中投资。以下是团队确定的目标：

- 被艾伦·科茨视为可以信赖的供应商，能够提供具有高可靠性和最低开机报损率的组件。

- 被采购部门确认为在灵活性和准时交付方面表现最佳的供应商。

- 得到希瑟·里斯特的认可，被视为提供最佳的组件全生命周期成本而不仅仅是单位成本的供应商。
- 达伍·考夫曼认为我们已经做了足够的工作来扭转我们对设计协议的终止所造成的损害。
- 由皮特·桑切斯推荐马克·杜瓦尔作为Datavoc下一系列空调控制器的专家设计合作伙伴。
- 被Datavoc的欧洲生产委员会视为帮助其持续控制成本的供应商。

以下是团队确定的有助于实现这些目标的集中投资决策：

- 重新制定双方满意的设计协议。
- 成为Datavoc欧洲生产部门新产品设计流程中不可或缺的一部分。
- 确保Datavoc能够获得及时、经济、高效的交付。
- 用统计数据证明我们的可靠性。
- 展示产品故障对品牌选择的影响。
- 证明我们的"较高"单位成本实际上可转化为较低的生命周期拥有成本。

与其他案例一样，你可以看到团队相信这些投资决策可能有助于实现既定目标。前两项集中投资与PreComm成为Datavoc首要设计合作伙伴的目标直接相关，这是生产部门工程设计经理马克·杜瓦尔特别感兴趣的事情。第三项和第四项解决了Datavoc希望在可预测的时间表上交付成本较低的组件。第五项与Datavoc更广泛的利益相关，即确保其品牌地位，以对抗欧洲和亚洲竞争对手。最后一项解决了关键的成本问题——这是Datavoc采购部门的一个敏感问题。在所有这些情况下，集中投资都利用PreComm的优势来改善业务领域中关键角色的认知（"被视为"事实）。

投资未来

你可能已经注意到所有这些集中投资案例的一个共同特征。没有一个是便宜的。它们最初对客户是免费的，但它们都让投资公司付出了沉重的代价（以真实的时间和美元计算）。这在某种程度上意味着它们很痛苦。许多公司不愿承担这种痛苦。它们宁愿尽量减少集中投资的支出，希望通过努力工作和一点运气获得回报，在客户的某个部分，以某种方式，在某个时间。

就像完全建立在风险规避基础上的投资组合策略一样，这是短视的行为，在好的业务中几乎永远不会有回报。从短期来看，它可能看起来更舒适、更便宜，或者更少引发焦虑。但是，在竞争激烈的环境中，如果你不能将资源集中在建立关系的最佳机会上，不可避免地会让你面临客户流失、竞争性攻击，以及建立在机会基础上的"战略"的不确定性。

集中投资不是保证。我们承认这可能很昂贵。扩大你的咨询服务，雇用顶尖的艺术家，派遣你的高管去拜访他们——这些都不便宜。购买蓝筹股也不便宜。你这样做是出于好的战略原因。不是因为没有赔钱的风险，而是因为考虑到所有可用的信息，你的投资最终会给你带来好回报的概率要比在赌场赌博高出很多。

不能保证成功。但正如今天的客户经营领导者都知道的那样，就像你必须花钱才能赚钱一样，你也必须投入资源才能实现回报。有一件事是可以保证的。如果你选择分散资源，而不是集中资源，那么你对大客户的健康状况所下的赌注，要比对风险最大的集中投资所下的赌注大得多。

第13章
停止投资

> 当决定在一个重要领域投入更多的资金时，你通常需要从其他地方获得这笔资金。当然这不是取消某些投资，而是重新平衡资源。成功的公司每天都这样做。
>
> ——杰里·巴恩斯（Jerry Barnes）
>
> 米勒·海曼公司销售顾问

集中投资原则有助于团队识别那些通过投入时间、人力和其他资源能够使你更接近实现目标的活动。集中投资的另一面是我们所说的停止投资。它有助于你识别当前资源投资没有回报的领域，并与业务领域合作减少这些领域的投资。这两个原则共同作用，相互影响，是资源分配的最佳实践。

我们的客户中很少有人质疑集中投资的智慧。但停止投资是一颗难以下咽的"药丸"，它经常遇到坚定而明确的反对。这种反对源于公司准则中一些根深蒂固的想法。一个是老生常谈的说法，即客户总是对的，因此，你应该做他们要求你做的任何事情，即使你这样做会造成损失。另一个是对摇摆不定的恐惧：认为只要你给一段基本稳定的关系带来改变，你就有可能破坏它。第三个是为了建立业务关系，你应该考虑对每个招标邀请书做出回应，并为每笔业务而战，就像这决定着你的生存一样。这些想法有一个共同的前提：在为客户服务的过程中，做得越多越好，向所有好机会投入无限资源的公司比资源有限的竞争对手有明显的竞争优势。

这听起来很有道理。也许在经济公式的世界里，它是可行的。但在现实世界中，这种传统观念意味着灾难。

我们问了数百位同事一个简单的问题："从最后一刻收到的招标邀请书的项目中赢得业务的概率是多少？"答案从"千分之一"到"从未"不等。对于任何了解客户经营的人来说，这些都是可以预测的答案。在我们的内心有一杆秤，并非所有的招标邀请性质都是一样的，当客户要求我们在两天内提交提案时，他们其实已经选定了另一个供应商，只不过在最后一刻凑齐替代方案，以向财务部门表明他们已经货比三家了，仅此而已。在这种情况下，对招标邀请做出回应几乎没有机会获得业务。

我们也知道有些线索的确能带来业务，但到后来你才发现你希望永远不做那种业务。我们都曾经遇到过那些"难以抗拒"的大订单，但后续的服务成本和资源投入的失控，将曾经看似巨大的收入流变成了"干涸的河床"。如果你曾经有幸经营过这样一个客户，其关键角色从未满意过，他们不断地向供应商索要资源，其需求随着你的资源的算术级增长而呈指数级增长，那么你就会明白为什么我们说一些大客户业务的麻烦大于其价值。事实上，这就是我们在第2章中建议你谨慎选择LAMP®客户的原因之一，不仅要考虑潜在收入，还要考虑价值。

这就是停止投资的用武之地。对如何处理明显微利的机会、潜在的致命"机会"或维护成本极高的客户，我们的建议很简单：不要。让你的竞争对手去享受那些"刺激"吧。因为你的精力和资源都是有限的，所以要把精力和资源集中在有机会获得回报的地方。如果这仅仅是个公平竞争的机会，那就考虑停止进一步的投资；如果几乎不可能实现，就直接说"不"。

识别停止投资的活动

如何识别应该考虑停止投资的活动？我们将为你提供一些场景示例，

但首先有一些基本原则适用于几乎所有场景。如果你一直在投资一些客户支持的活动，或者正在考虑这样做，但不确定潜在的回报，请自问以下三个测试问题：

- 鉴于这项活动给业务领域带来的价值，这项活动是否合理？
- 我们是否有证据表明关键角色认可这一价值？他们有没有明确告诉我们，他们支持这项活动？
- 这项活动是否有助于我们实现一个或多个目标？

如果这些问题的答案是否定的或不确定的，那么你可能在特定情况下投资过多或投资不当。这可能与明显的"错误投资"有关，如跟进低质量的线索或回应不合理的客户支持请求，也可能与之无关。停止投资的概念涉及你投入时间、精力、人员或其他资源的任何业务场景，而根据你团队的计算，这些投资没有回报。

停止投资并不意味着在回报率下降或降低的迹象出现时就立即采取行动。对一段业务关系的投资，就像股票投资组合中的现金投资一样，可能需要一段时间的摸索才能成熟，所以有时即使事情看起来有点不平衡——当你对客户的投资超过了获得的回报时——继续建立关系仍然具有战略意义。但在其他时候，客户"机会"充满了危险信号，不停止投资就会显得极不理性。我们给你一些具体的例子，建议在遇到以下一种或多种情况时考虑重新分配资源。

1. **你在"外围赛道"**。也就是说，你的竞争对手在"内线"，无论你多么努力地改善这段关系，但总是落后两步。也许你的竞争对手有你无法匹敌的独特优势，或者你自己的优势与客户无关，或者竞争对手已经在客户心中深深扎根。是的，你应该与竞争对手正面交锋，但前提是有合理的回报机会。在客户中保持存在感是一回事，向一个已有固定供应商的客户投入无尽的资源则是另一回事。

2. **这不是你真正的业务**。我们的一位朋友是一位橱柜生产商，其为一家连锁酒店制作古代用品的复制品。最近，一位酒店经理要求他做一项小的翻新工作。我们的朋友有能力完成这项工作，但这不是他的专业领域，他在这项小的翻新工作上花费的每小时都是从他的专业领域中抽走的时间——本来可以带来高收益项目的时间。根据我们的建议，他向经理解释说，他不承接翻新业务。他不得不拒绝这样的请求，但很乐意推荐一位技术一流的工匠。经理没有去争辩，因为她最终在这两个领域都得到了一流的工作。教训：定义你想要竞争的业务，并在该领域尽你所能做到最好。如果你已经把精力扩展到一个相对未知的领域，而它正在从利润更高的业务中耗尽你的资源，那么，也许是时候停止在这个领域的投资，"重新开始规划"了。

3. **你在黑暗中摸索**。在信息真空中，你无法进行有效的销售或管理。因此，无论出于何种原因，如果你认为自己缺乏足够的信息来了解自己的投入对大客户的影响，那么可能是时候停下来重新审视一下你一直关注的活动了。如果你在黑暗中摸索，如果你"需要更多的数据"，如果在处理这项业务时出现了多个"惊喜"，这些都是危险信号，应该让你警惕并进行深入了解。我们的意思不是让你在危险信号出现时就退缩。很明显，当你缺乏信息时，第一步要做的就是尝试获取这些信息；LAMP®分析是专门为帮助你实现这一目标而设计的。但是，如果反复尝试了解该客户让你陷入困境——例如，一个月之后，你仍然无法起草一份明确的章程声明或确定积极的发起人或战略教练——那么这可能不是在该业务领域寻求建立更深层次关系的最佳时机。

4. **时间和金钱陷阱**。好莱坞一部名为《金钱陷阱》的喜剧描述了一对夫妇的不幸遭遇，他们的新房子需要不断维修，就像黑洞吞噬光一样吞噬了他们的银行存款。从商业角度看，这一点都不好笑。一家矿业公司曾接到法院命令，要求清理其污染的湖泊中的有毒废物；它没有花费清理工作所需的200万美元，而是聘请了一大批环保律师，并花费了十倍于清理工作所需费用的法律费用。我们在经营大客户时有类似的经历——资金和时间被大量消耗。根据经验，我们建议停止任何已经花费了原始预算两到三倍的项目或活动。

以上并不是你能遇到的唯一停止投资的情况，碰到它们并不意味着你必须立即停止投资，否则你会输掉一切。但这些都是向精明的投资者发出的可靠信号，表明可能是时候止损了。

永不停止的四个原因

要想让人理解这个概念并不容易。在我们的项目中，停止投资的概念引起的争议和阻力比其他任何概念都多。事实上，大多数客户经理和大多数企业都不喜欢停止投资的想法。他们抵制它通常有四个相关的原因。

第一个是销售专业人士的长期乐观态度。作为销售人员和客户经理，我们根深蒂固地认为"积极的态度"和"努力工作"可以创造奇迹。当然，如果将它们与对客户需求的严格关注、健全的客户分析和良好的战略相结合，奇迹可能出现。但是，如果没有务实的客户经营元素，徒有热情和积极的态度，就无异于"你帮我擦鞋，我还你微笑"，不会产生任何回报。然而，这种态度依然存在。随之而来的是一种自我毁灭的信念，即如果你继续专注于一项业务或一种客户关系，最终一切都会朝着你希望的方向发展。

第二个是水上面包妄想症。对于许多公司来说，开拓客户业务的标准方法是：撒下种子，希望每一百颗种子中有一颗能成长为一棵树。对种苹果来说也许合适，但不适合开拓业务。这种"哲学"背后的理念是，你无法真正区分好的客户机会和差的客户机会，你不应该尝试。只要不断地把你所拥有的一切都扔给客户，最终客户一定会找到他们认为有价值的东西。

第三个是"我们已经承诺了，所以让我们继续前进"。例如，我们已经在绿泉开发项目中投入了3万美元。与其承认这项投资是一个错误，不如让我们再投入3万美元。最终一切都会好起来的。此外，如果我们现在停止投资，我们在客户心目中的地位将因此受到影响。这种固执和赌徒精神的结合，每天都在消耗无数企业的资源。

最后一个是从我们的客户那里得知的。尽管他们很想停止一个无利润的客户活动，但他们经常被高级管理层阻止这样做。毫无疑问，这是停止投资的主要障碍。一旦一个营销目标被纳入一个伟大的客户计划中，它就会被管理层的批准"神圣化"，在很多情况下，它会成为首席执行官最喜欢的营销计划的一部分——这并不罕见，因为它代表了在成为首席执行官之前对他有用的东西。克服这种固执己见需要毅力。

例如，几年前，我们给一家中西部的食品服务公司提供咨询服务，该公司的第三大客户是一家制造业巨头。这家食品服务公司运营着这家制造商的六家独立工厂的自助餐厅业务，每年都在亏损。这似乎是停止投资的明显信号。然而，当我们建议这家食品服务公司重新考虑保留该客户是否明智时，我们被告知这是创始人的骄傲——这是他多年前自己攻下的第一个《财富》500强客户。停止投资可能是明智之举，但不可能通过高级管理层的批准。

艰难的分类

我们用常识来回答以上"永不停止"的观点。所有的业务都不尽相同，你所开展的或可能开展的活动也不尽相同，但都是为了在大客户中更有效地定位你的公司。整个LAMP®计划的一个基本原则是，一些客户比其他客户更有潜力，应该进行相应的管理。这也适用于微观层面。你为大客户做的一些活动、进行的一些投资，在实现目标方面比其他活动和投资更有潜力。由于你的目标旨在使客户受益，这也意味着一些投资比其他投资能为客户带来更多价值。

因为你的资源有限，这意味着某些项目必须终止。用一个残酷但准确的类比，你必须对你的大客户和针对他们的活动进行分类。你必须决定：

（1）哪些活动值得你立即投入和全力支持。

（2）哪些活动可以在没有积极管理的情况下维持一段时间。

（3）哪些活动是无效的，正在耗尽你的资源。

你需要勇气离开第三种类型的活动。

我们不是说："走开，让乔治接手。"这只是在推卸责任。如果公司的一个客户已经成为一个资金陷阱，那么它也不会因为不同的销售代表或不同的部门来接手而突然变成"摇钱树"。当说"放弃"时，我们的意思是：作为一家公司，承诺退出。如果有合理的未来成功预期，你可以坚持下去，但如果机会只有百分之一，那就放弃吧。维护一个已经成为资金陷阱的客户，垂死挣扎五年意味着忽视其他更多的机会。这是战地医护人员必须学习的最难的一课：花一小时救治一个几乎无法挽救的人，可能会让那些可能获救的人失去生命。认识到这一严峻的现实是成为一名专业医学人士和商业人士的必修课。

停止投资的潜在好处

军事类比并不准确。事实上，终止一项低潜力的活动很少会对客户产生负面影响，相反，几乎总能提高公司的战略影响力。一些例子说明了原因。

首先考虑电子公司的例子。回想一下，其集中投资之一是聘请一位前客户销售经理，以了解该客户是如何向其最大客户——美国海军进行销售的。团队定义的一项停止投资是"停止在客户的非海军相关业务中寻求低潜力的销售机会"。这就是停止投资和集中投资的运用。团队有意识地决定将公司资源从低潜力活动转向高潜力活动。你可以说，该公司失去了非海军业务，但它真正失去的是随之而来的"恶化"。它所获得的是一个更好的定位，而且不会给双方组织带来额外的成本。

第二个例子，一家全国性的运输公司曾彻底重新评估其市场营销策略。在分析了数十个终端和地区市场的数据后，客户经理们清醒地认识到，他们正在失去客户关注；他们带来的收入甚至与运营费用不匹配。面对这一发现，公司经理召集销售人员，要求他们向客户提出一个艰难的选择。他们直截了当地承认："我们不能继续以目前的价格为你们提供优质服务了。"与此同时，他们为这些客户提供了三种替代方案：第一，提高费率；第二，改变业务组合，既运输高收益的货物，也运输低收益的货物；通过新的组合，可以保证费率和服务质量；第三，终止合作。

几乎所有客户都赞赏运输公司的坦诚。超过80%的客户选择继续合作，改变后的组合使之成为能为运输公司带来盈利的客户，并保证为他们提供持续的服务。这家运输公司非但没有将停止投资作为一种选择来疏远业务，反而加强了自己的控制，满足了客户和自身的长期需求。

最后一个例子是PreComm。在评估如何分配有限的资源来满足Datavoc客户的需求时，帕特·墨菲的团队确定了两个领域，这两个领域的资源可以转移到其他地方。第一个与设计有关。第12章曾谈到，团队集中投资之一是制定一份新的、双方都满意的设计协议。因此，两个停止投资中的一个就是"停止免费设计"。由于新计划的细节正在制定中，继续提供免费设计就没有意义。显然这是一个停止投资，但必须与客户的关键角色协商一致；鉴于对Datavoc潜在的长期利益，他们同意这样做。

帕特·墨菲的团队确定的第二个停止投资也是资源重新分配的一个例子。作为整个公司职责的一部分，帕特·墨菲不仅管理着Datavoc客户，还管理着位于纽约的一个较小规模的客户。他建议而且团队也同意，应该将这个较小规模的客户分配给PreComm的另一位客户经理，这样他就可以将全部精力投入发展Datavoc的业务上。就整个PreComm业务而言，这将转移而不是降低对较小规模客户的注意力。但就Datavoc客户而言，这显然是停止投资——这将释放帕特·墨菲的注意力，这是支持团队确定的集中投资所需的资源。

正如这些例子所表明的那样，经仔细考虑的停止投资基本上有三个相关的好处：

- 减少了时间和金钱的流失，帮助节约因糟糕投资策略而浪费的资源。

- 释放了可以以更好的方式使用的资源，允许重新分配时间和金钱，以获得更可预测的结果。

- 如果使用得当，可以通过向有价值的客户表明，你已经准备好在这些领域为他们的利益服务，并且只在你能做到最好的领域，来巩固你在这些领域的地位。

资源投资：团队协作法

在LAMP®分析中，你可以交互使用"集中投资"和"停止投资"来优化资源分配的价值，并确保它们使你更容易实现目标。该过程应由团队协作进行，结果应提交给两个"主管部门"——公司的高级管理层和业务部门，并由其批准。

对"停止投资"的决策而言，获得高层的批准很重要，因为如果没有高层支持，决策很容易受到质疑，从而危及战略。益百利前销售总监——内维尔·西布里奇（Neville Seabridge）就这一点发表了个人看法。他说："如果我想从一个利润微薄的客户那里抽走资源，但没有向我们的首席执行官澄清这一点，那么该客户很容易致电CEO，推翻这个战略上合理但不受欢迎的决策。这将使整个团队所做的所有工作都付诸东流，让包括客户在内的所有人都面临损失。这就是为什么停止投资是整个组织从上到下都必须接受的理念。"

内维尔·西布里奇的评论中暗示了还必须与客户分享停止投资的潜在

原因。如果你从一个客户或一个客户计划中抽走资源，而没有事先咨询受影响最大的一方，实际上你是在说"你的意见对我们来说无关紧要"。停止投资通常可以"出售"给这些客户，这符合他们的最佳长期利益。但前提是你事先让他们参与决策。

考虑到前提条件，这里概述了应通过哪些步骤来分析集中投资和停止投资。

第一步：集中投资。首先，利用迄今为止收集到的所有信息，团队确定了在未来一到三年内应集中资源的领域。在这样做的过程中，它可能有助于将潜在的集中投资与一个或多个情境评估要素联系起来。作为一个团队，问问自己：

- 可以开展哪些活动来向客户突出我们优势的独特性？我们能够确定这个业务领域并理解优势的独特性吗？即使世界上最好的产品也不会自我推销，我们是否需要更加努力地向客户展示我们的独特性？如果我们在客户的组织层级结构中处于有利地位，我们能做更多的事情来利用这一优势吗？我们是否足够积极地保护我们的优势？我们是否需要保护它们免受潜在的侵蚀？

- 大客户正在考虑的哪些机会由于其长期回报潜力而值得我们进行长期资源投资？不仅要寻找今天或今年能为客户带来回报的业务，还要寻找能帮助他们长期成长的机会。这个客户的业务中是否有一些元素现在还处于起步阶段，但可能会在未来为其提供坚实收入或竞争优势？

- 同样的问题也应该在宏观层面上提出来。哪些与公司相关、行业相关和广泛的市场趋势表明我们将更加专注于工作？这个大客户内部发生了什么？我们是否可以通过更加专注或加大努力来利用这些变化？从外部来看，是否有可能损害大客户的趋势，除非我们能预测到它们的影响？

- 我们能否通过谨慎使用集中投资来强化我们与一个或多个关键角色的关系？他们在这项投资中会看到什么价值？我们如何知道他们会看到价值？研究反对者、发起人和战略教练。通过在反对者身上花费时间和精力来缓和关系，这对你的战略的贡献就像培养一段良好的关系一样有价值。

- 我们的主要劣势是否表明需要对某个领域投入更多的销售时间、支持时间或其他资源？换言之，我们有这个劣势是因为我们忽略了本应进行的活动吗？如何利用我们的优势和关键角色通过集中投资来对抗劣势？

一旦你的团队确定了六个左右可能的集中投资领域，我们建议你就两三个最重要的达成共识。然后再问自己三个问题来测试这些选择的有效性：

- 贯彻落实这一集中投资是否会明显有助于实现我们的目标？具体来说，它将以何种方式改变关键角色对我们的看法？这种改变会转化为对我们优势理解的增强，还是会将对我们劣势的认知降至最低？

- 贯彻落实这一集中投资会强化我们目前在客户心中的地位吗？会减少我们对客户如何运作的不确定性吗？会改善我们与一个或多个关键角色的关系吗？会帮助我们更好地立足于我们希望在买—卖层级结构中的位置吗？同样，你不需要使用数学公式证明这种联系。但你应该能够清楚地陈述，让团队中的每个人都满意。

- 集中投资对业务领域有价值吗？该活动是否得到认可？

第二步：停止投资。接下来，团队通过执行令人不太舒服但同样必要的时间投资策略，来摆脱那些没有回报的活动。不管它们是否向你发起攻击，它们一直都存在。为了让它们浮出水面，你的团队可以提出以下问题：

- 我们在哪些活动中缺乏独特的优势？好的战略始于优势：如果你的竞争对手在某一领域处于有利的位置，那么最好暂时将该领域留给你的竞争对手，转而在你更强大的领域竞争。

- 我们在目标大客户的任何领域都不是专家吗？我们是否缺乏在任何领域进行有效竞争的经验？是否有领域要求我们从做得更好的领域中抽走宝贵的资源？我们是在自己定义的市场中发挥了最大作用，还是离规划太远了？

- 我们在哪些领域落后？在哪些领域，尽管我们收集了所有的信息，但在没有足够的数据的情况下，我们仍然在摸索？在哪些领域会有很多意外，且大多数是负面影响？什么时候我们才意识到糟糕的回报并减少我们的损失？

- 我们是在尝试将新产品还是老产品销售到新市场？如果进入市场的时机不成熟，那么世界上最好的产品也没有机会。我们是否应该在哪些方面回撤一步，让竞争对手来"开拓"这部分大客户业务，而我们考虑稍后再投资？

- 什么活动或项目耗费了时间和资金？长期以来，我们在哪些领域投入了大量的资金和时间却毫无成效？尽管没有识别此类"黑洞"的硬性规则，但请记住我们建议的经验法则：如果你的投资比最初的预算高出两到三倍，那么无论业务有多好，你可能已经提前支付了太多。

当你发现了可能需要停止投资的领域时，应该就损害最大的两个领域达成共识。把它们记录下来并承诺，不再在这两个领域浪费更多的资源。如果能确定超过两个应该停止投资的领域，那也很好。但是，两个是最低要求。

第三步：重新平衡集中投资。最后，通过对这两个领域停止投资，你的公司可能节省多少时间（资金、精力或其他资源），做出明智的估计。在消除了时间和资金的无谓消耗后，对于新出现的增加投资的机会，你和团队需要达成共识。在哪里重新平衡这些新的资源有意义？再次审视你的集中投资选择。现在释放出来的资源会产生什么影响？从停止投资中释放出来的资源是否意味着其他集中投资——那些之前你认为成本过高的投资也需要调整？根据新的资源分配，根据你的团队认为合适的情况修改集中投资列表。

在执行最后一步时，许多客户发现量化是有帮助的，即把涉及的预计资源的节约数字化，并把潜在利益数字化。我们鼓励他们尽可能详细地写下以下信息：

- 集中投资的当前或预计成本，包括资金、时间、人力或其他资源。
- 按相同标准计算，停止投资预计节约的成本是多少。
- 集中投资的时间框架：何时开始以及持续多久。
- 停止投资的计划停止日期。
- 集中投资和停止投资对业务领域关系的潜在影响。

上面的最后一项是定性的，我们把它包括在内是为了防止把一切都简化为数字的趋势。但在起草LAMP®战略时，一定程度的量化不仅有帮助，而且是一个必要的平衡因素。以实际的货币衡量你的活动给公司带来的成本，有助于团队了解建立关系的实际因素，这些因素必须最终都在公司的资产负债表上体现出来。

LAMP®分析的新手有时会认为，在兜售感知、立场和B2B关系时，我们忽略了数字的重要性，也就是说，让进行LAMP®分析的公司显示利润。事实远非如此。实际上，作为双赢理念的长期拥护者，我们坚持认为，当你实现目标并在大客户心目中处于更好的地位时，你将获得定性和定量的认可。换句话说，我们坚持你的努力是有回报的。我们将在第14章中详细阐述这一点。

第14章
收入目标

> "金钱是一种全球通用语言，所有国家都能理解。
>
> ——阿夫拉·贝恩（Aphra Behn）

我们一直强调，良好的客户关系能够为客户带来价值。我们在客户战略部分引入的每一项原则——章程声明、目标和确保实现这些目标的集中投资——都支持这一观点。可以毫不夸张地说，制定LAMP®战略的全部目的是确保你的客户及其客户实现价值。

但价值是双向的。你不是出于利他主义而为客户提供价值，而是因为你明白这是建立长期关系的唯一不变的关键。在这种关系中，你的公司也必须实现价值，否则就会陷入"一输一赢"的境地。

在本章中，为了确保你的LAMP®战略建立在互惠的基础上，我们引入"收入目标"这一要素。通过设定适当的收入目标并将其作为战略的一部分，你的团队定义了当你们正在建立的关系开始结出果实时你们将获得的价值。

我们将收入目标定义为你的团队认为可以在指定的时间范围内（通常一到三年）在业务领域实现的销售结果。由于大多数客户经理都是根据实现目标的程度来进行考核和激励的，因此收入目标的作用非常明显。但这些目标还具有两个额外的相关功能。

首先，能够衡量集中投资的成功程度——以"量化"这些关键且通常昂贵的资源的收益。

其次，提供一个商业论证，让你的组织成员——高级管理层和那些释放资源的人——相信这些投资是值得的。

对于那些认为LAMP®是一种"软"客户经营方法的人来说——正如一位持怀疑态度的同事曾经向我们建议的那样，这是一个"愿景"而不是"业务"——收入目标概念提供了有用的纠正。它为你提供了一种方法来证明你的战略确实得到了回报。

单一销售目标

在讨论收入目标时，我们建议我们的客户从相对较小的单个交易目标开始，然后将其汇总，以创建随时间推移的预期收入的总体规划图。当然，在某种程度上，这张规划图会从在客户处获得的任何收入开始，到客户给你带来的预期回报，事实上，这有助于你将其视为一个大客户。不过，除此之外，规划图还可能包括正在进行的交易或尚未确定的与业务相关的额外的增量收入。这些较小的"增量目标"就是战略销售流程中大家所熟知的单一销售目标。它们在LAMP®中的定义与在战略销售®中的定义相同。单一销售目标是:

- 面向产品、服务或解决方案的。
- 具体、清晰、简洁的。
- 可定义和可量化的。
- 与时间挂钩的。
- 真正单一的。

"真正单一"是指单一销售目标不是两个或多个目标的混合或组合。在我们的战略销售®研讨会中，在写目标时，应避免使用连接词"和"，以确保其"单一性"。其他几条标准相当清楚，无须解释。但为了说明这些标准并确保其精确性，我们要求客户根据以下公式定义每个单一销售目标：

单一销售目标公式

将在_____（日期）

提供_____（数量）的_____（产品、服务或解决方案）

给_____（业务领域），

以实现_____（收入或其他）。

这个公式清楚地说明了单个销售目标与目标之间的差异。在某种程度上，目标是定性的：没有硬性的数字要求。例如，"被视为向工程部门提供尖端研究数据"——这足够清楚，而且非常具体，但没有涉及数字。另一方面，单一销售目标是以数字明确定义的。正如公式所示，这样的收入目标精确地说明了在给定日期之前，你期望在业务领域投放多少指定的产品或服务。因此，目标是预期位置的指标，但单一销售目标和收入目标是预期数量的指标。

以下是我们一些客户的大客户团队在LAMP®研讨会上制定的单一销售目标示例：

- 到2015财年年底，我们将向俄亥俄州工厂交付15万加仑的TLC配方。

- 工程部将于2016年7月1日前接受50台变压器的装运。

- iZan集团将在2017年秋季开始前签署价值375万美元的软件许可证。

请注意，交易量的衡量标准因情况而异——你可能希望基于收入金额给大客户设定一个单一销售目标，而另一个单一销售目标是装运吨位——但在每种情况下，交易量都用数字表示。企业中比较有数学头脑的人可能认为目标的概念有一点说服力，但他们认为单一销售目标和收入目标是无可争辩的——我们的一位同事称之为"显而易见的盲目一瞥"。

有一点需要注意。仅仅因为单一销售目标定义了你要交付的内容，并不意味着客户对该交付内容的看法变得不重要。相反，唯一有意义的收入目标是那些你和客户都认为能带来价值的目标。这样可以确保你预期的回报将进一步促进相互的关系。

超越汇总

单一销售目标本身既是"迷你目标"，也是交易、项目或约定，当它们开始实现价值时，也有望为你更广泛的收入目标做出贡献——超过你已经从客户那里获得的持续收入流。在某种程度上，你可以通过将所有单一销售目标"汇总"到一个总体预测中来定义这些更广泛的一到三年的目标。但是，你的收入目标很可能不仅仅是这种累积，因为你与客户合作越多，就越能满足其不断变化的需求，业务潜力就会越大，你会发现一些潜在的"隐藏"领域，这些领域可能与你最初的收入目标关系不大。

我们的一位客户——一家大型制药公司——在LAMP®工作坊结束后不久发现了这一点。团队将其一个业务领域的年收入总预测设定为20万美元。工作坊结束后，他们并没有预料到在未来12个月内会有多少收入增长。但由于在那次工作坊期间开始的分析，以及与关键角色之间的关系很快得到加强，在四个月后，他们已经发现并签署了价值25万美元的业务。其中只有一部分来自他们确定的单一销售目标。很大一部分来自业务关系的机会，在开始情境评估之前，这些机会甚至在他们的"雷达屏幕"上都看不到。

这是LAMP®分析中相当常见的情况，它清楚地表明，在计算收入时，一到三年的收入目标往往超过其预期组成部分的总和，这就是为什么有效地计算收入目标与其说是计算"交易额"，不如说是投机性预测。这一事实可能会导致一定程度的混乱。

收入预测的两个问题

你可能会认为，定义一个"硬"收入目标比定义一个"软"收入目标更容易，如"被视为提供前沿研究数据"。难道数字不比感知更容易实现吗？

事实并非如此。收入目标基本上是销售预测，而销售预测是一个众所周知的不精确的过程。要设定现实的收入目标，同时为经营客户的人提供适当的激励，绝非易事。销售人员和团队人员不断抱怨他们的任务指标，这也表明很少有公司能做到这一点。

这里的问题超出了设定指标的管理者和必须完成指标的人之间不可避免的认知差异。有两种情境通常会使得预测客户能产生多少收入变得复杂化。两种情境都谈到了许多现代组织中在一线工作的人和在办公室工作的人之间的分歧。

情境1："动态性"预测。在这种情境下，预测人员不会像LAMP®客户在情境评估中那样进行细致的客户评估，而是查看去年的数据并将其提高一定的百分比。"2022年，我们和这个客户做了140万美元的业务。我们将实现10%的增长。因此，今年的目标将是154万美元。"这是一个完美的"往后推算"的示例，它给出了一个完全可量化的收入目标，但这可能与客户现实情况没有太大关系。

毕竟，去年的数据只是去年的数据。而且自这些数据呈现以来，可能已经发生了许多事情，这些事情可能会破坏预测数据甚至使其完全无效。该客户现在可能遇到了一年前不存在的内部困难。管理费用或供应成本可能已经上升。新进入市场的竞争者可能已经淘汰了其现有的IT解决方案。该公司可能正在重组，专注于应对政府监管或转移其市场重心。此外，这些事情中的任何一件或全部都可能发生在你的公司。如果没有考虑到这些变化——换句话说，如果没有及时更新你的情境评估——可能会导致不切实际的高（或低）收入预测。

情境2："创造性"预测。在第二种情境下，纸上谈兵的战略家们使用电子表格和公式接替客户负责人，为一个不存在的战场设计进攻计划。《哈佛商业评论》（*Harvard Business Review*）作者乔治·戴（George Day）和利亚姆·法伊（Liam Fahey）曾敏锐地发现了这种"创造性"预测的不足：分析师一次只改变一个变量，看看当市场增长率提高1%、毛利率提高2%、流动资金减少300万美元时会发生什么。经过几小时的实验和测试，这些变量与最初的战略预测完全脱节。

因此，"创造性"预测或"动态性"预测不仅彼此不一致，而且与公司经营的实际情况也不一致。负责实际收入的人员——市场营销人员、销售人员和客户团队及其经理——有义务将分析师的幻想变成现实。有时，通过巨大的努力，他们成功了。但大多数情况下不会，因为这种预测太过天马行空，任何人都无法实现。

在这两种情境下，常见错误不仅仅是依赖数字计算。当然，也不能不计算数字就经营企业。问题是，在热衷于量化一切的过程中，许多公司忘记了一个显而易见的事实：客户不断变化的需求会影响每个数字的价值。如果你的预测没有与客户的当前情况挂钩，那么你是否运行了一个完美的计划并不重要。

合理预测——收入范围预测

为了帮助你避免此类问题的发生，我们推荐一种被称为"预测范围"的计算方法。因为制定现实、精准的收入目标通常很难，所以我们敦促你的团队分三步来完成。

首先，定义一个最高收入目标，假设你的销售人员和其他资源是不受限制的，你可以实现该目标。这的确是一个天马行空的目标，我们了解这一点。但是，如果你的组织允许你全力以赴，那么确定客户可能会带来什么样的收入将有助于你幻想一种"天花板"状态。矛盾的是,这种幻想通常不如电子表格生成的那么精美,但这有助于为你的预测目标提供"弹性"。

其次,定义一个最低收入目标:如果当前的资源水平在整个目标完成期内维持不变,那么你的团队所有成员可以接受的最低收入目标是什么。换句话说,定义最低可接受收入目标。

最后,看看最有可能的收入目标是什么,然后就收入目标达成共识,介于前两个目标之间。你的团队的目标应该是"符合现实的弹性目标"。

为了了解这种预测技巧在真实情况下的效果,让我们看看帕特·墨菲和他的PreComm团队制定的收入目标(作为他们集中投资的"回报")。他们已经确定,Datavoc的欧洲生产部门目前在PreComm供应的各类组件上花费了约3亿美元,其中约35%,即1.05亿美元返给了PreComm。团队首先确定一个高的或资源不受限制的收入目标。

这里的资源不受限制意味着,例如,他们定义的所有集中投资都将得到管理层的快速批准,罗伯特·格洛克的新组件转移系统将顺利实施,日益增长的关系将抵消达伍·考夫曼对与罗伯特·格洛克合作的抵制,消费者对产品故障持何种态度的调查将巩固Datavoc对可靠组件的渴望,法律部门正在起草的新设计合同将立即获得Datavoc的批准。

团队意识到这是一项艰巨的任务。但如果这一切都实现了,在未来几年中,他们计算出,来自组件供应和设计服务的收入每年可能高达2亿美元。如果设计协议也开始采用VoIP等新技术,那么这个数字可能会大幅上升。在这种情况下,PreComm可以将其目前的Datavoc钱包份额增加一倍以上,并从新产品中获得可观的回报——使2亿美元成为保守的较高收入目标。

接下来,该团队将计算在当前客户情况几乎没有变化情况下,PreComm在未来几年将获得多少收入。换言之,他们会问自己:"如果我们的集中投资都没有被批准怎么办？如果我们必须继续像现在一样处理与Datavoc的关系，而且没有额外的资源投入，该怎么办？"他们明白，如果发生这种情况——如果法律部门搁置新合同，或者Datavoc对此犹豫不决；如果消费者调查没有给出预期结果，或者如果罗伯特·格洛克的计划失败，达伍·考夫曼继续不信任他——那么预期收入不太可能超过现在每年的1.05亿美元。

关于这一数字，团队进行了一些讨论，萨姆·琼斯表示，随着PreComm自身成本的上升，这样的"平稳增长"是"完全不可接受的"。财务负责人艾丽西娅·卡沃尼斯表示同意，经过一番辩论，团队同意将1.2亿美元确定为最低可接受的收入目标。这是团队集体愿意接受的最低值，即使他们预期的支持系统都没有实现。

最后，团队比较了最高和最低的估算值以及所需的投资，得出了一个折中方案：选取了一个中间值1.7亿美元，作为收入目标，即他们预计在未来三年内每年的收入。

在制定自己的收入目标时，我们建议你采取与这些团队相同的做法：花半小时或更长时间回顾情况，然后根据你对资源分配的现实乐观程度定义最高和最低收入目标，最后得出一个整个团队认可的中位数目标。尽管这里没有确切或正确的答案，但尽可能精确的目标仍然很重要，因为我们在本章开头提到了两个原因：一个合理的收入目标量化了你将从集中投资中获得的预期收益，并为那些对资源分配至关重要的高层管理人员提供了商业论证。

不过，你不仅应该把收入目标练习的结果带给这些人，还应该把它展示给你的业务领域。一位LAMP®客户，一家澳大利亚大型乳制品生产商，其经验表明，在制定预测目标时，也可能是一次宝贵的现实检查。

几年来，这家乳制品生产商每年向澳大利亚最大的超市零售商——科尔斯（Coles）出售约3亿美元的商品。在由两家公司的总经理和产品经理参加的联合战略会议上，该生产商制定了15~20个其认为可以在未来两年内实现的单一销售目标，并在每个目标上都获得了非常具体的反馈，包括积极和消极的。然后，当谈到确定收入目标时，他们告诉科尔斯，他们希望在未来一年能够实现3.4亿美元的收入。在评估了情况后，科尔斯认为这个数字可能过于保守。超市总经理说："根据我们讨论的目标和投资，我们认为这个数字可能会达到3.5亿或3.6亿美元。"这是一个非常令人鼓舞的反馈，除非乳制品生产商的员工直接与客户讨论他们的收入预测，否则他们永远不会得到这些反馈。

我们在此重申一项指导LAMP®战略的原则。如果你真的与你的大客户合作，那么你就不会小心谨慎，保守秘密。你会和客户分享计划。这是改善相互关系的唯一可靠方法，检查他们是否完全理解你为他们做了什么，以及你期望得到什么回报。

最终，你这样做是出于最实际的原因：如果没有业务领域的认同，任何收入目标——即使是最谨慎的目标——都不能被认为是一个现实的目标。

销售任务指标

按照我们刚才描述的方式设定收入目标，应该能够做出明智可靠的预测。但在现实世界中，它并不总是这样运作的。在现实世界中，经营客户的人有任务指标。他们可能不喜欢这些指标，也可能抱怨那些设定指标的人与一线销售脱节。尽管设定指标的人可能也会定期与他们见面。

考虑到这一现实，为什么要设置最高和最低的收入目标？这种收入预测方法似乎忽略了经过实地测试的"大棒和胡萝卜"指标系统，这有什么好处？对于这些问题，有几个同样经过实地测试的答案。

第一，任务指标通常设在区域、分公司或办事处级别。然而，这些在微观层面上断断续续起作用的方法，不应指望在宏观的客户经营层面也起作用。

第二，任务指标本质上是战术性的，而不是战略性的。即使是最有战略眼光的公司，在评估客户经营状况时，也倾向于先看季度收入，然后才看年度收入。关注长期收入目标有助于你正确看待所有季度收入；它提供了一个客户增长（或萎缩）的视图，当你准备在7月底完成最后一笔重要销售时，你很可能会错过这个视图。

第三，1~3年的收入目标对任务指标的现实性进行了检验。在没有参考这样一个具有战略意义的预测工具的情况下来设定任务指标往往是无稽之谈。

第四，也许最令人惊讶的是，一个具有战略意义的收入目标实际上可以提供更大的激励。几年前"以人为本"计划带给我们的一个不为人知的教训是，当一线销售人员被允许设定自己的任务指标时，他们通常会比经理设定得更高。这表明，与旧的"自上而下"的任务指标制度相比，通过收入目标范围来制定的长期收入预测目标，可能会给销售人员和大客户经营团队带来更多挑战。

由消息灵通的团队成员共同制定收入目标的最终优点是，它提供了预期收入的真实情况。由于收入目标基于详细的情境评估，并且是由客户自己的关键角色审查和修改的，因此它代替了一厢情愿的想法，并提供了一个共享的、对后续潜力的实地评估，从本质上来说，它甚至比最复杂的数学模型都更可靠。这使它比单纯设定任务指标有了很大的优势。

老实说，它具有这种优势，因为与任务指标不同，收入目标是双方一致同意的描述。这里隐含的是基于交易的销售和真实客户经营之间的区别。任务指标告诉销售人员他们的经理希望他们推销多少产品，而收入目标定义了供应商在为与其合作的公司提供价值时应实现的可量化和合理的利益。这两个观点有天壤之别。

第15章
行动前概述

> "抓住主要机会,三思而后行。
>
> ——塞缪尔·巴特勒(Samuel Butler)

一旦你的团队确定了收入目标,你就完成了大客户战略的分析阶段,接下来就可以开始行动并开展工作了。不过,在开始之前,你可能会发现将收集到的所有信息整合到一个单独的、详细的客户情况摘要中是很有用的。

在每个为期两天的LAMP®工作坊结束时,我们的客户通常会花整整一小时来做这件事,这样他们就可以制作一张大的"客户现状概览"单页。在本章中,为了让你更全面地了解这种总结练习的目的,我们提供了"最后一刻澄清问题"清单,以及基于PreComm案例研究的现状概览具体样本。

汇总最终检查清单

一旦你在LAMP®战略中到达这一步,你已经问了自己几十个澄清的问题。下面还有一些用在最后一刻做双重检查的问题。

买一卖层级结构。我们确定的层级结构位置是否与客户的看法一致?我们计划的行动是否会达到下一个层级——如果这是基于当前层级结构而希望实现的目标层级?

关键角色。我们的发起人在这个业务领域有权威和/或影响力吗？我们的战略教练有信誉吗？我们组织的主要参与者与业务领域中的关键角色保持适当的联系吗？

趋势。我们是否错过了一个可能影响业务领域环境的趋势？

机会。我们确定的机会真的是业务领域的机会吗？如果我们帮助业务领域抓住这些机会，我们会实现我们的目标吗？

优势。我们确定的优势是否会将我们与竞争对手区分开来？业务领域是否将其视为优势？这些优势会帮助业务领域抓住确定的机会吗？

劣势。我们确定的劣势是目前最重要的致命弱点吗？这是我们不能忽视的弱点吗？

章程声明。我们的章程声明是否明确定义了给业务领域带来的价值？关键角色会从这份声明中识别出我们吗？我们愿意与他们分享吗？

目标。如果目标实现了，我们是否会被认为在买—卖层级结构中的更高一级？目标是否支持章程声明？

集中投资。业务领域是否认识到我们计划进行的集中投资的价值？这些投资是否有效地专注于业务领域最重要的机会？

停止投资。我们是否已决定将停止投资与业务领域结合起来？我们是否确定了停止投资是临时性的还是永久性的？

单一销售目标。如果我们完成这些单一销售目标，会帮助我们实现目标吗？每个单一销售目标都会为我们的收入目标做出贡献吗？我们是否在跟进任何与目标无关的单一销售目标？

收入目标。列出的单一销售目标是否有助于我们实现收入目标？在确定的时间范围内，收入目标是否现实？

PreComm 的行动前概述

为了理解上述设计的练习带来的"成果"，我们看一个示例。以下是帕特·墨菲及其PreComm团队在分析Datavoc客户时汇总的行动前概述。

行动前概述

业务领域

- Datavoc的欧洲生产部门

团队成员

- 帕特·墨菲

- 萨姆·琼斯

- 戴维·奥尔森

- 罗伯特·格洛克

- 艾丽西娅·卡沃尼斯

买—卖层级结构

- 现在：第二级

- 去年：第一级

- 三年后：第三级或第四级

关键角色

- 发起人：皮特·桑切斯、艾伦·科茨

- 战略教练：尼克·康斯坦尼斯

- 反对者：达伍·考夫曼

趋势

- 产品责任索赔导致保险费用不断攀升。

- 来自亚洲低成本进口产品和更先进产品的快速上市带来的竞争压力。

- 欧洲生产的产品利润率下降。

机会

- 通过全球商品采购降低生产成本。
- 通过缩短新产品和更先进产品的上市时间提高竞争地位。
- 降低产品组件故障的成本和由此产生的责任。

优势

- 作为该市场仅有的两个全球供应商之一，我们有能力在成本最低的地区采购其想要的组件。
- 我们的设计能力和对通信技术的了解是首屈一指的。
- 我们的交付非常可靠。

劣势

- 我们与Datavoc的竞争对手成功合作的历史。
- 达伍·考夫曼对罗伯特·格洛克的反感。

章程声明

Datavoc的欧洲生产部门将通过使用我们可靠、经济、高效的组件和VoIP技术缩短上市时间，提高客户声誉。作为回报，我们将在该市场上获得主要的钱包份额。

目标

- 被艾伦·科茨视为可以信赖的供应商，能够提供具有高可靠性和最低开机报损率的组件（第二级）。
- 被采购部门确认为在灵活性和准时交付方面表现最佳的供应商（第三级）。
- 得到希瑟·里斯特的认可，被视为提供最佳的组件全生命周期成本而不仅仅是单位成本的供应商（第二级）。
- 达伍·考夫曼认为我们已经做了足够的工作来扭转我们对设计协议的终止所造成的损害（消除劣势）。

- 由皮特·桑切斯推荐马克·杜瓦尔作为Datavoc下一代空调控制器的专家设计合作伙伴（第三级）。
- 被Datavoc的欧洲生产委员会视为帮助其持续控制成本的供应商（第三级或第四级）。

集中投资

- 重新制定双方满意的设计协议。
- 成为Datavoc欧洲生产部门新产品设计流程中不可或缺的一部分。
- 确保Datavoc能够获得及时、经济、高效的交付。
- 用统计数据证明我们的可靠性。
- 展示产品故障对品牌选择的影响。
- 证明我们的"较高"单位成本实际上可转化为较低的生命周期拥有成本。

停止投资

- 停止免费设计。
- 重新分配小型客户。

收入目标

- 未来三年每年收入1.7亿美元。

你能做的最有价值的事情

我们经常提到我们的理念，即在制定大客户战略时，你能做的最有价值的事情之一是与业务领域分享该战略。在本书的这一部分结束时，我们将重申这一点，并引用一位LAMP®爱好者的经历来重点说明一下。

帕特里克·托马斯（Patrick Thomas）是怡安保险集团（Aon）前全球战略客户发展总监，该公司为全球大型公司提供保险服务。当我们问他对与目标大客户分享"行动前概述"有何看法时,他承认,当他要求他的团队这样做时,最初通常会遇到阻力。他说:"当你向客户展示如此具体的目标和如此具体的收入预测时,许多团队成员会觉得很奇怪。就好像他们不想泄露一个秘密计划一样。可是,一旦他们决定做并开始分享这些信息时,真的可以提高你在买—卖层级结构中的位置。

"当与客户这么直接交谈时,你通常会获得以前没有的各种内幕信息。需要了解发起人、关系和购买流程——所需要的各种信息,这样才能做出承诺。这可能会对战略产生难以置信的影响。当我们提出与一家主要能源供应商分享其中一个概述时,我们最终花了三小时与一位高管交谈。我们向他展示了我们知道的和不知道的,整个过程让他着迷。他立刻明白,我们是在尽力不浪费他的时间。他知道,如果我们把事情做好,对我们双方都会有很大帮助。"

部分原因是在那次战略分享会上,怡安集团确实做对了,而且在这位能源供应商高管的积极帮助下,怡安集团与其客户的关系得到了显著改善。因此,在怡安集团的一些人看来,这是一个激进的举动,但结果证明这是一场双赢。托马斯说:"让大客户检查你的信息可能是一座真正的金矿,尽管这对许多人来说很不寻常,但从实际意义上来说,这可能是你能做的最有价值的事情。"

第4部分

战略执行

第16章
实施战略

事实胜于雄辩。

——谚语

一旦你在客户经营概述中清楚地列出了所有信息和规划的发展战略，一些显而易见的问题就会冒出来：如何将这一蓝图变为现实？必须开展哪些具体活动来推动合作关系并实现我们的目标？谁应该执行这些活动，并按什么时间表执行？简言之，我们必须采取哪些步骤才能将战略客户分析转化为行动？

在LAMP®研讨会上，团队成员通常会花整整一下午来回答这些问题，并将答案汇总成详细的行动计划。本章介绍了制订此类计划所需的要素，并举例说明了好的行动计划所包含的一些基本活动。这些活动通常分为以下四类：

- 收集信息。
- 制订销售和支持计划。
- 起草行动清单。
- 回顾。

收集信息

当你在LAMP®分析中达到这一点时，你已经完成了大量信息收集、整理和讨论的工作。从某种意义上来说，这就是你所做的一切；你已经收集了所需的数据，以便了解客户，并为改善两家公司的合作关系制定了适当的战略。出于这个原因，当你开始从分析转向行动时，你在收集信息方面又迈出了一步，这似乎是多余的。

然而，根据长期以来的经验（通常是痛苦的经验），我们了解到，无论你的信息收集多么严谨，在采取行动之前，你总会发现有一些信息缺失。当然，我们无法告诉团队缺失的是什么信息，这取决于具体情况。但我们可以自信地说，在行动之前，如果没有认真仔细地检查你收集的信息，以及信息中的差距，那么目标可能无法实现。一旦将所有信息整合到客户经营概述中，成功的团队总是会再问一个问题："战略分析中是否缺少任何信息，如果我们不发现，这些信息可能会成为一种负担？"

对自己诚实的团队几乎总是发现这个问题的答案是肯定的。因此，他们"执行战略"的第一步是指派专人获取每条缺失的信息。在获取了缺失的信息的情况下，当然需要重新考虑整体战略。但不执行此行动前检查可能是灾难性的。

制订销售和支持计划

第二类"活动"是制订销售和支持计划，这是你的集中投资的自然产物。这些计划虽然在某些情况下可能支持你的一个或多个单一销售目标，但通常是基于更广泛（和更长期）的计划来支持整体客户发展，这当然会对你的收入目标产生直接影响。销售和支持计划通常需要分配以前未编入预算的资源或重新调整已编入预算的资源，以满足业务领域新出现的或紧迫的需求。

例如，计算机硬件制造商Computer Lab将微软列为其大客户之一。几年前，为了方便将其组件交付给这家软件巨头的许多业务部门，Computer Lab在微软位于华盛顿州雷德蒙德的园区开设了一家商店。这个不同寻常的支持计划合理地解决了复杂的运输问题，展示了对大客户的现场承诺，并使从Computer Lab购买组件变得更加容易。

这是第二个关于人力的案例。我们有一位英国客户，在过去三年中，其与我们的业务突然扩大。几个月前，我们清楚地看到，随着越来越多的员工使用我们的服务，该客户可能需要我们伦敦总部的专职支持人员。因此，我们选择了一位了解该客户的项目支持人员，并调整了她的工作职责，以便在六个月的时间里，她将100%的时间用于满足该客户的需求。这对我们来说是一项重大投资，但对每个人来说都有回报。这个英国客户很欣赏这位专职支持人员，她能够培训他们的员工，这样就不再需要其他专职人员的支持了，而米勒·海曼公司也因此获得了白金级别的推荐。

这两个例子只是说明了公司可能希望作为销售和支持计划引入的一系列活动。再看看一些其他的案例：

- 为大客户的一个部门寻找新的潜在商机。
- 通过直邮活动产生潜在客户。
- 把产品调研问卷包括在其中，以衡量客户满意度。
- 为双方经理制订"高层拜访"计划。
- 针对现有客户开展需求调查。

在这些特定的例子中，重点似乎更多地放在了销售上，而不是支持上。但重要的是不要过分强调这两者之间的区别。从某种意义上说，每项好的销售努力都支持客户，每个好的客户支持系统都有可能提高销售额。因此，把它们放在一起考虑更具有一定的现实意义，因为它们是建立关系时努力的两个方面。事实上，实施此类"销售"计划的公司通常无法准确地说清楚业绩收入的具体来源。当你发送数千张客户回复卡时，你不知道哪些回复会变成真正的潜在商机。当你派运营副总裁去拜访大客户的CEO时，你的目标不仅仅是一笔业务。此类计划旨在确保收入随着时间的推移而增长，而不是获得个别合同的批准。

其他活动似乎更倾向于支持而非销售，因为它们与单笔业务的直接联系更少。考虑一下公司为了确保客户满意而启动的许多备份和后续跟进计划，但这并不会计入任何人的销售任务指标或佣金。例如：

- 客户培训计划。
- 设备的安装或升级。
- 维护和"预防性的保养"服务电话支持。
- 报修电话。
- 延长保修计划。
- 800客户服务热线。

类似的这些支持活动，对收入的贡献并不总是显而易见的。它们可能被比作运行反馈机制，旨在衡量和调整现有的收入工作。它们通常不是由销售团队或客户团队实施的，而是由工程师、客户服务人员或外部顾问实施的。因此，它们与收入的联系有时似乎很遥远。这并不意味着它们不重要，也不意味着它们不会对收入产生积极影响。同样，重点不是要区分销售活动和支持活动，而是要将它们视为同一业务工作的互补方面。从长远来看，它们都有助于建立关系。

在一些观察家看来，销售和支持计划是客户经营的外围项目，是不必要的附加成本项目。这误解了它们的价值。从真正意义上讲，如今经营大客户意味着实施销售和支持计划，包括那些与单一销售目标无关的计划。此类计划通常提供你所需的差异化，以将你在客户心目中的位置从买—卖层级结构的第二级提升到第三级。不实施此类计划意味着将竞争优势拱手让给实施此类计划的公司。

诚然，这些计划给公司资源带来了压力。但是，把这种压力仅仅看作负面的，在战略上是短视的。从逻辑上讲，这也是不准确的。规划和实施这些计划并不一定意味着更多的资金或更多的工作。这意味着明智地重新分配资金和工作，以便获得更好的结果。

因此，出于这个原因，销售和支持计划应在集中投资之外自然增长。集中投资是实现目标所需的"内容"（什么）；销售和支持计划是实现目标所需的"方式"（如何），即必须实施的具体活动。例如，回顾电子公司为协助制造商的质量控制部门而进行的集中投资：

- 为他们提供更好的质量控制流程和措施。
- 帮助他们更好地专注于如何向海军销售。

具体的销售和支持计划听起来可能是这样的：

- 向质量控制实验室提供电子测试方面的额外咨询。
- 聘请大客户的一位退休经理作为顾问，以更好地了解客户现在如何向海军销售产品。

又如，请记住PreComm团队确定为实现其目标所必需的集中投资：

- 重新制定双方满意的设计协议。
- 成为Datavoc欧洲生产部门新产品设计流程中不可或缺的一部分。
- 确保Datavoc能够获得及时、经济、高效的交付。
- 用统计数据证明我们的可靠性。
- 展示产品故障对品牌选择的影响。
- 证明我们的"较高"单位成本实际上可转化为较低的生命周期拥有成本。

这些就是特定的行动议程上的"什么"项目。为了使这些项目能够顺利运行，帕特·墨菲团队决定必须实施以下销售和支持计划：

- 让帕特·墨菲投入所有时间和精力来经营Datavoc这个大客户。
- 让法律部门花时间为设计协议建立新的合同框架。
- 指派一名市场研究人员获取消费者趋势数据，可以利用这些数据帮助Datavoc定义未来的产品。
- 让罗伯特·格洛克建立一个内部转运系统，帮助我们将中国制造的零部件运往欧洲。

- 为帕特·墨菲指派一名行政助理，帮助跟踪和管理"开机报损"的组件，这样我们就可以用统计数据证明我们的可靠性。

- 开展或获取关于产品故障对品牌选择的影响的调查。

- 编制一份财务报告，将Datavoc从所有供应商购买的一系列芯片和IC的单位成本与生命周期的总成本进行比较（这需要Datavoc的同意和参与）。

你可以看到，上面的每一项计划都具体化了并有专人负责，以此来支持集中投资的总体意图。要起草新的设计协议，法律部门必须签订合同；为了证明可靠性，一个新的助手必须跟踪开机报损率；为了证明产品故障的影响，PreComm需要进行调查，等等。销售和支持计划的"如何"激活了集中投资的"什么"。

到底需要什么样的计划

根据大客户的具体情况，销售和支持计划几乎有无限类别。为了帮助你确定对你的业务关系有帮助的计划，你的团队可能需要讨论以下五个领域。

领域1：解决客户的问题。首先将注意力集中在可能实施的、能够解决大客户问题的计划上。这些计划不一定与单个销售有关，甚至都不必与你和客户的业务有关。例如，询问：

- 我们可以做什么来解决客户的服务问题？要么我们为客户提供服务，要么为其客户提供服务。

- 我们能做什么来解决客户的产品问题？同样，这包括我们给客户提供的产品，或者客户为其客户提供的产品。

- 上一次我们为这位客户解决问题时，我们是怎么做的？上一次我们的竞争对手为客户解决问题时，它们又是如何做的？

- 在客户的视野中是否存在我们的某个计划可能会阻止的问题？我们

可以开展哪些活动来帮助大客户在其陷入困境之前拯救它？

领域2：解决客户高层的问题。现在看看可以为这个大客户提供的可能的业务结果。记住，长期客户经营的基础是满足最高管理层的关切，询问：

- 我们可以开展哪些活动来提升我们在买—卖层级结构中的位置？
- 我们如何帮助客户增加来自其自身客户的销售收入？
- 我们如何提高客户自身的生产力？
- 我们能做些什么来帮助客户降低成本？
- 我们能做些什么来帮助客户解决其内部问题？
- 我们可以采取哪些行动，从而对客户的利润产生积极影响？

领域3：扩大你的范围。看看可能会扩大你在该业务领域或这个大客户的"投资"范围的潜在活动领域。制订针对你可能忽略的业务的计划。询问：

- 我们可以尝试哪些以前没有尝试过的营销方法？
- 我们在其他客户那里实施了哪些计划而在此处没有实施？
- 我们是否忽略了任何机会？哪些计划可以改变业务领域或我们的章程声明？
- 该大客户的其他哪些区域或业务部门有我们可能解决的问题？

领域4：面对威胁。防御性地思考几分钟，此时此刻，你可能会觉得自己与这个客户处于攻击状态。假设你被逼到了一个角落。然后，你会开始考虑采取什么额外的行动？询问：

- 如果我们希望今年在该客户身上实现收入增长50%，我们会制订什么计划？
- 我们的主要竞争对手可能会采取什么行动来击败我们？这些行动是否适用于我们的情况？也就是说，我们是否可以采取竞争对手将对我们所采取的行动？以其人之道还治其人之身。

- 如果我们即将失去客户，我们会采取什么防御措施？如果面临要么做要么死的选择，额外的努力会是什么？

领域5：扩大预算。为了反驳"预算不允许创新"的普遍反对意见，假设没有预算。询问：

- 如果一家《财富》500强公司想要拥有这个客户，它会实施什么计划？

- 如果用一张空头支票来开展活动，我们该怎么办？在没有资源限制的理想情况下，我们会为这个客户开展哪些活动？

我们知道最后这些问题是"不可能的"。但它们也有助于让团队成员接受创新，超越旧的"资源受限"心态，这种心态可能会限制组织的选择。事实上，很少因为缺乏资源而阻碍支持计划的实施。通常的问题是，太多的资源被投到低潜力的业务领域中。通过停止投资释放这些资源，你会惊讶于有多少计划突然落入预算之内。

起草行动清单

第三类活动旨在具体地支持团队在LAMP®的情境评估和分析部分中使用的战略要素，从你在买一卖层级结构中的位置到实现收入目标，无所不包。一个理想的行动将支持所有这些要素，但每个合理的行动必须至少支持一个要素。你还应该确保至少有一个行动来减轻每个危险信号的影响，即你认为分析中薄弱或不确定的因素。根据其严重程度不同，此类因素可能需要多个行动支持。

下面是个人必做行动的示例。我们的一个大型能源客户，希望能够非常精细地了解其派往我们研讨会的参训者是如何回应培训课程的。我们与发起人达成协议，制订一个支持计划，每月向客户发送参训者的最新信息。为了实施该计划，我们必须安排研讨会协调员评估参训者的经验，指派一名内部资源人员根据评估编写报告，并安排发起人和协调员之间的会议来审查报告。这些都是米勒·海曼公司负责的行动。此外，我们的发起人承诺，如果报告表明这些培训是合理的，将落实并安排后续培训。在所有这些情况下，我们清楚地定义了必须完成的任务，应该由谁完成，以及完成的时间节点。

为了确保你的执行过程同样务实，我们建议你的团队通过以下问题对每个建议的行动进行测试：

- 该行动将对哪些关键角色产生积极影响？他将以何种方式受到影响？
- 这一行动是否会对业务领域"如何看待当前或新兴趋势"产生积极影响？
- 该行动会帮助他们抓住机会吗？哪个机会？它将如何做到？
- 该行动是否至少发挥了我们的战略优势之一？如果是这样的话，业务领域是否清楚这是事实？如果没有，行动是否至少有助于弥补我们的劣势？这对业务领域来说清楚吗？
- 该行动是否符合集中投资和停止投资的一项或多项决定？
- 该行动是否有助于增强一个或多个销售和支持计划的感知价值？
- 是否有可能进一步实现单一销售目标？能否量化它可能对我们的收入目标做出的贡献？

你可能无法识别符合所有这些要点的行动。但是，一个"行动"越能解决这些问题，就越有可能帮助你实现目标。

同时，也请注意，一些行动可能需要大客户中的个人（如上例中的我们的发起人）采取补充或授权行动，当你起草行动清单时，你的团队应讨论哪些关键角色或客户中的其他人最适合执行这些行动，以及你的团队成员中谁最适合跟进并对这些行动负责。

回顾

只有当所有受战略影响的人都认同其基本主张时，客户战略才能发挥作用。为了确保你的行动计划按照你希望的方式运作，你需要有三组不同的人来审核你的战略，要么在现有的战略上签字，要么建议修改。这应该在团队起草行动计划后尽快完成。导致团队无法弥合分析和行动之间的差距的一个最常见原因是在制定战略后等待太久，无法及时与能够做决策的关键角色分享。因此，我们建议你在制定好战略的两周内，将其提交给以下人员审批。

首先，团队内的所有成员。这一点很明显，因为他们是制定战略的人。但这最后一次行动前检查并不总是能够完成。制订行动计划的每个人都应该审查并认可最终版本。背书包括公开和书面承认他们对这些行为负有个人责任。

其次，公司的高级管理人员。同样，这似乎很明显，但很少能做到。因为大客户是你业务的驱动力，所以你的最高管理层必须了解如何应对这些客户。理想情况下，高级经理应该是客户经营团队的成员。如果做不到这一点，他们的最低承诺也应该是审批行动计划及其支持的战略。如果他们做不到，或者不愿意，那么你说自己得到了使计划生效所需的公司的支持就是在开玩笑。我们意识到，这是一个强有力的声明，数百家公司的经验证明了它的有效性。

最后，你需要得到你所选业务领域的关键角色的审批，必要时，还需要得到可能影响你关系的任何其他大客户中的个人的审批。这种类型的审批一点都不明显，而且很少有人这样做，但它与让自己的管理层参与进来一样重要。我们并不是说你应该要求客户的决策者在你的每一笔集中投资上都签字（尽管正如我们所提到的，他们应该同意任何停止投资）。但他们应该从总体上理解你的意思，特别是他们应该能够认可你的章程声明、你的目标、你想帮助他们的机会，以及你的销售和支持计划。如果没有这种客户的支持，你就无法获得与内部资源支持同样重要的支持。

如果你对这个想法感到不舒服，可能是因为你为客户设定的目标与你团队所设想的双赢关系并不一致，或者是因为你目前在客户心目中的位置比你想象的要低。如果是这样的话，明智的做法是重新审视你的立场，寻找你不适的原因，看看是否会影响你的目标。向教练征求意见可能是澄清情况的压力最小和最有帮助的方法。你必须澄清。当你在客户心目中处于有利位置时，你应该毫不犹豫地与公司的决策者分享你计划的实质内容。

向业务领域展示客户计划不仅是双赢业务的一个重要特征，也是对天马行空思维的一个很好的现实检验。如果大客户的关键角色不能或不愿承认你的目标和计划的共同优势，你就不能在此基础上建立合作伙伴关系。

这是一种比较消极的说法。你也可以积极地看待它。当大客户确实认同你的目标时，你开始将彼此视为同一团队的成员，而且战略将运行得更加顺利。就好像你在战场上有一位"同伴将军"，为你提供你自己无法获得的信息。实事求是地讲，你将大客户纳入你的计划流程，不是因为这是一件"好事"，而是因为它有助于获得更好的业务。

这是我们在全书中提出的更广泛观点的微观版本。良好的大客户经营不是魔术，而是基于这样一个原则：当人们相信你既关心自己的利益，也关心他们的利益时，他们会争取与你做生意。如果他们不相信，他们会快速地避开你。

一旦行动计划得到这些关键角色的批准，你就可以实际执行这些行动了。正如我们所说，战略可能需要数十个不同的行动，其中一些行动可能需要1~3年才能实现。如果等待的时间太长，你可能无法看到其中一些结果——等待会让你面临动荡环境的不确定性。这就是为什么我们建议定期回顾行动计划，看看情况有什么变化，战略是否有需要调整的地方。事实上，我们建议你在每个行动计划开始之日起90天内回顾，并在必要时修订行动计划。LAMP®无疑是一个动态过程，旨在根据需要对不断的变化做出反应。这意味着需要频繁更新你的行动。第17章将向你展示如何执行这种更新。

第17章
90天回顾

> 在商业世界里，后视镜总是比挡风玻璃更清楚。
>
> ——沃伦·巴菲特（Warren Buffett）

我们为企业客户提供的LAMP®计划包括三个不同的阶段：前期的信息收集和客户分析、计划本身，以及为期90天的后续研讨会。我们在第5章中描述的内容对应于LAMP®计划的前期阶段；第二部分和第三部分内容对应计划本身阶段；现在介绍后续研讨会所做的回顾分析。

第三阶段不是附加项，是LAMP®战略的关键组成部分。原因很简单，那就是世界总是在变化。你为大客户制订的任何行动计划都描述了在接下来的12~36个月内发生的事情。许多内部和外部不可预测因素都可能影响实际发生的事情。因此，定期回顾是必不可少的。只有通过频繁的重新评估，团队才能掌握每个季度客户的最新情况，确定新的趋势和机会，并重新分配所需的资源。

正如我们所提到的，我们规定，对你在层级结构中位置的第一次大的重新评估不应晚于90天，或者战略实施后的一个财务季度。我们选择这个评估点不是随意的，而是基于几十年的经验。在与企业客户进行了2000多次LAMP®战略研讨会后，我们发现研讨会中做的计划平均至少需要几个月才能开始取得成果；然而，在4~5个月后，做出重大调整可能已经太迟了。

在本章，我们概括了90天回顾的基本议程。在确定日期后，建立回顾机制的第一步是，确保每个需要出席的人做出出席承诺。不仅包括项目团队成员，还包括公司的销售人员和一般管理人员，以及目标大客户中的关键角色。一旦这一步骤到位，以下是你在重新评估战略时应该考虑的领域。

章程声明

每份章程声明都应确定四个要素：客户的业务领域、你的公司打算为该业务领域带来的价值、将为其带来该价值的产品或服务，以及最终你公司将从贡献中获得的回报。90天后，你应该再仔细查看这四个要素。根据制定章程声明以来所发生的情况，请自问：

- 这个业务领域仍然是最合适的领域吗？是否正确定义了我们在该客户中的业务范围？该定义是否仍然适用？我们是否一直试图涵盖目标大客户中过于广泛的业务领域——试图向太多的人、部门、分公司或其他业务部门销售？或者，我们是否过于狭隘地定义了业务领域，从而忽视了可能有利于大客户的机会？

- 在选定的业务领域，我们为该客户的业务带来了什么价值，或者目前正在给客户带来了什么价值？我们是在为客户的业务问题提供解决方案，还是仍处于"填鸭式推销产品"模式？我们能否清楚地定义该客户通过与我们合作而实现的任何业务成果？对于关键角色现在对我们的看法，我们满意吗？他们是否充分意识到我们正在做出的贡献？

- 我们是否提供了最佳范围的产品、服务或解决方案？不是最广泛而是最佳的范围。我们的产品或服务范围是否被证明太宽或太窄，而无法满足客户的真正需求？在不牺牲效率的情况下，我们可以不考虑哪些产品或服务，或者我们可以增加哪些产品或服务？

- 我们的回报是什么？如果我们真的提供了价值，有什么迹象表明客户理解并认可这一事实？他们是否在内部或公开场合承认我们在建立关系方面取得的进展？

一旦讨论了这些问题，作为一个团队，决定你们在三个月前制定的章程声明是否仍然有意义，或者是否必须根据今天的现实情况重新编写。

进展回顾

在90天的时间里，有些事情会进展顺利，有些事情可能会出现问题。在这一步中，确定哪些事情是进展顺利的：大客户战略的主要进展点。重点关注三项不同类型的成就。

- **目标**。请注意，是否有任何证据表明，客户中的关键角色现在比90天前更像你所希望的那样认可你的贡献。如果你成功地朝着目标前进，你应该能够根据业务领域的实际情况或行动来衡量这一进展。

- **销售和支持计划**。写下那些你已经成功实施的计划，无论它们是否产生了可识别的收入。你认为每个已经实施的计划的具体进展如何？对于仍处于开发阶段的计划，写下你的团队在实施过程中看到的进展。无论是否从这些计划中获得了实际收入，你都可以描述得很具体。例如，"凯伦·詹森第一次拜访了他们的财务副总裁"，"芝加哥直邮活动正在进行中"。

- **获得的收入**。也就是说，已经实现的单一销售目标（在计划中或计划前），或者从该大客户处获得的任何其他产品或服务收入。准确定义这些收入，如"他们购买了计划交付的E19校准仪"或"我们交付了12台而不是计划的10台校准仪"。对于每一次销售"成功"，记下带来的收入和签单日期。将这些数字与你用于制定收入目标的"预期"数字进行比较。你是否按计划实现目标？

团队可能需要注意的其他进展点。你需要把这些进展点定义出来。

在这方面，我们鼓励你包容而不是限制，前提是每项已确定的成就都明显推动你的团队在其长期战略中取得了进展。例如，请一位大客户的高管吃午饭可能是一项重大的成就，但前提是此人对你的业务领域有重大影响，而且结果包括客户的更大承诺，从而改善了公司在买—卖层级结构中的位置。

承诺必须是相互的。当卖方投入时间和资源推动业务关系向前发展时，客户仅仅停留在"思考"业务关系的条款阶段是永远不够的。是的，卖方可能一开始就要承担责任，但如果你在约见关键角色时遇到困难，或者你已经与他们见面三次，他们都表示有兴趣与你的公司合作，但你唯一能得到的承诺是含糊不清的"我们尽快再谈一次"，那么你可能在浪费双方的时间。现在可能不是集中投资的时候，而是停止投资的时候。

承诺是指对具体的、约定行动的承诺。这些行动可能包括从仅仅安排下一次见面到对方案的参数做出详细回应，以及签署协议。但是，随着双方谈判进程的推进，客户必须通过对其资源进行增量投资来表现出兴趣。当进入90天回顾时，你可以基于此来检查你的进展。在过去的90天里，该客户具体做了什么来表明他们对这一关系的兴趣在不断提高？他们公司为此付出了多少时间和资源？如果投资都在你这边，那就不是合作伙伴关系。

对承诺的一个很好的测试是，大客户在多大程度上明确认可了你对其业务的贡献。无论是内部还是外部，这种认可都是衡量你获得回报的关键指标。如果在90天内还没有实现，你的团队可能需要更积极地"推销"你的贡献，让关键角色清楚地了解这些贡献，这样大客户不仅了解贡献是什么，而且愿意作为你的战略优势的推荐者。

问题领域

现在回顾过去90天出现的问题，或者未能足够迅速地向前推进的原因。调查以下问题。

- **收入问题。** 查看在竞争中丢失的单一销售目标，以及你和竞争对手都还没有抓住的潜在收入机会。对于丢失的业务或未开发的收入机会，你的团队都应该确定丢失的原因，是"与客户的运营人员的关系不够好"，还是"竞争对手能提供更好的服务"？讨论一下你的战略可能会做出哪些调整，以防止将来发生类似的损失。显然，这时大客户的存在就特别有价值，因为没有人会比他们更清楚为什么你会失去业务。

- **计划和资源问题。** 为了将你的计划付诸实施，还必须解决哪些内部计划和资源问题？预算限制是否阻碍了进展？是否必须进行更积极的内部销售，以释放管理该客户所需的资金？公司的高层管理人员如何看待你提出的行动？他们是否致力于实施这些计划，或者他们仍然相信值得投资？你确定的任何收入损失是否可以通过更充分的资源承诺得来避免？

- **潜在的停止投资。** 自制订行动计划以来，是否有任何集中投资、销售和支持计划或其他分配给客户的重要资源被证明与战略计划无关或相矛盾？从定义上讲，战略会让你更接近一段稳固的长期关系。你所开展的哪些活动没有做到这一点？它们可能是停止投资的候选项。如果你的团队能够识别出任何没有明显让你离目标更近的活动，那么就把它们写下来，解释为什么它们没有兑现承诺，并考虑将它们从你的行动计划中删除。请记住，停止投资必须事先与业务领域中的关键角色进行讨论。

- **其他障碍。** 在有效执行行动计划方面还有哪些障碍？列出任何阻碍你进展的事情，不管看起来多么微不足道。尤其要寻找自己公司或客户中可能没有对你的计划做出充分承诺的人，以及缺乏有关客户及关键角色如何看待你组织方面的信息的领域。回顾你在情境评估阶段提到的客户信息领域。在那里发现的信息仍然有效吗？根据定义，任何信息不清楚或不完整的领域都是行动计划的障碍。

重新评估机会和目标

在情境评估部分，我们建议团队确定并集中精力抓住大客户的三个最重要的机会，并通过这样做来实现自己的三个最重要的目标。90天后，是时候重新审视这些选择了，必要时进行调整和重新定义。

- 对于大客户最重要的三个机会中的每一个，你还能说明它对业务领域重要的原因吗？在过去的90天里，有没有发生任何事情让你重新考虑最初的评估？如果客户仍然认为某个机会带来了价值，那么你的团队应该能够解释原因。

- 每个机会是否仍然与你的目标相关？依次查看三个机会。你能否识别出追求此机会将进一步实现的至少一个战略目标？如果不能，你是否应该放弃此机会，转而选择另一个机会，或者需要重新定义目标？

- 根据你刚刚进行的重新评估和变化的条件，重述一下三个最重要的机会。结果可能与你在三个月前评估的一样，也可能你不得不重新调整你的行动和资源。然后对你的目标做同样的事情——重新对目标进行评估。考虑一下是否必须根据当前的现实重新定义目标。

- 当你重新调整了机会和目标后，请查看团队承诺的行动清单，评估一下，是否每项行动都有助于抓住机会和实现目标。如果不是，可能是时候修改行动清单了。

重新审视行动计划

一旦团队彻底回顾了过去90天里取得的进展，以及没有取得但应取得的进展，就应该做好修改战略的准备。几乎可以肯定的是，修改将是正确且合适的。建议对计划进行修改，不仅要对最初的章程声明进行更正，还要重新制订整个行动计划，以今天为起点重新开始。

如果这听起来像在建议你每个季度重新考虑你的大客户战略，那么你是对的。在当今动荡的市场环境中，你必须这样做才能保持竞争优势。只有定期回顾你的进展，并在每次新的回顾中做出必要的路线更正，才能确保团队朝着正确的方向前进——依据的是一幅最新的大客户经营"地图"。

也许这个重置过程中最关键的是根据不断变化的事件和已经（或尚未）建立的个人责任制来调整你的行动计划。90天后，有些任务一定会完成得很完美，有些任务则完成得很糟糕或根本没有完成。定期回顾最重要的好处之一是找出谁在正确的轨道上，谁在过程中睡着了，并相应地重新分配和安排团队任务。

例如，假设在LAMP®分析期间，一名团队成员被指派在8月5日前提交一份合同以供法务部审查。如果90天的回顾将于9月1日进行，但该任务尚未完成，那么你知道整个行动计划必须重新安排，团队必须了解截止日期前未完成任务的原因。这并不一定意味着谴责负责该任务的团队成员。他可能有充分的理由解释为什么没有完成任务，这些理由可能会提供对重新安排日程有用的信息。但在大多数情况下，除非你提问，否则你不会得到这样的信息——这也是定期回顾对战略至关重要的原因之一。定期回顾使提出相关问题制度化，这样你的团队中就不会有人误以为战略的第14部分有效，而事实并非如此。

定期回顾还提供行动计划在哪些方面有效，以及在哪些方面无效的书面反馈。大多数所谓的行动计划甚至没有尝试这样做，它们只是统计陈旧的数据和汇总过时的新闻。一个动态的、不断重新评估的行动计划可以让你知道，你仍然可以做些什么，在哪里有效，在哪里需要重新调整。

一个好的行动计划的目的不是准确预测你和大客户在三年、三个季度或三周后的情况，而是在持续致力于共同成功的情况下，在一段合理的时间后，让两家公司就希望的关系达成一致。即使这种承诺坚如磐石，从现在到几年后，也可能会发生很多变化，迫使你重新考虑关系的形式。这就是为什么不断监控情况、在必要时进行调整以确保为客户持续创造价值是合乎逻辑的。如果不这样做，就可能会传递这样的信息，即你与大客户的关系被视为理所当然。无论这种信息传递是无意的还是有益的，我们都知道这是失去竞争优势的最快方式。

第18章

LAMP®的优势

> 不能再胡思乱想了，因为日子过得太快了。
>
> ——派克，电影《日落黄沙》

在讨论当前的客户经营架构时，我们注意到，在许多领先的企业中，负责经营大客户的团队不像销售部或市场部那样是一个独立的实体，而是一个半自治的业务部门。该部门有自己独立的汇报结构，有自己的盈亏责任，而且通常由高管级客户经理领导，有权调动所需的一切资源，以满足其"外部资产"快速变化的需求。

鉴于这种模式的相关性越来越强，至少在最成功的企业中是如此，也许现在把大客户看作"一个市场"而不是单个客户是有道理的。当然，如果根据它们的行为——它们对市场的反馈方式和建立关系的方式——来评判它们，它们往往表现得像一个复杂的市场，而不是单个企业。也就是说，它们表现出金融和工业市场趋势所表现出的所有波动性、对全球趋势的反应能力和对增长的渴望，正如亚当·斯密预测的那样，它们坚持只奖励那些为它们提供价值的提议。任何想要经受住当今经济竞争风暴考验的客户经营团队都必须首先认清这一现实。

在过去的客户经营时代，当大型企业客户仍然被视为主要收入来源时，可以根据产品规格与竞争对手进行正面交锋，而以合理的价格提供"最佳产品"的企业往往会在特定客户的业务中获得最大的钱包份额。在以客户为市场的时代，这种战略注定要失败。当今仍然有机会保持竞争优势的企业都明白，关系而不是收入才是生存的关键。它们还明白，在建立关系时，客户感知到的价值是唯一重要的。

要实现这种价值，你需要的不仅仅是好的产品或好的服务，还有对大客户需求的持续关注。最重要的是，你能够跟踪每个市场不断变化的业务需求，然后整合你所拥有的资源，以满足这些需求，因为只有你的企业才能做到这一点。以这种方式利用你独特的战略优势是当今企业保持竞争优势的秘诀，这一点在数百个战略联盟中再次得到了证明。那些为盟友的业务需求提供服务的企业会繁荣发展，不这样做的企业则会失败。

但如何提供这样的服务——这就是困难所在。这也是我们在本书描述的流程中提供一个独特实用解决方案的困难所在。

正如我们所解释的，为了更好地服务你的业务伙伴，从而最大限度地利用这些"外部资产"，你必须首先充分了解它们的业务情况。要做到这一点，你需要使用我们称为情境评估的子流程。接下来，你必须对目前或未来可能影响业务关系的所有关键因素进行严格的、基于团队的评估，这就是我们所讨论的战略分析。然后，你通过适当的时间表详细概述哪些计划能使大客户最大限度地利用其机会，哪些资源应该用于这些计划，以及你将如何衡量这些计划对两家公司成功的影响。这是良好的大客户战略的执行阶段。

这是一项艰巨的任务，不仅需要组建合适的团队——合适的"业务部门"——并使其人员与大客户的关键角色进行对接，而且需要在组织的各个层面上认可建立关系的重要性，并愿意利用这些关系所需的资源。在一个主要根据季度销售报告来评判经理的经济体中，许多企业不愿意做出这样的承诺。但在当今竞争激烈的经济中，即使是你最"忠诚"的客户，也会把你推向"商品供应商"的位置，这种不愿意无异于"自杀"。

当前的收入很重要，而且永远都很重要。但增加客户收入的新方法不是销售更多的产品，也不是总关注最赚钱的业务。如果你不愿意通过发展关系来押注未来的收入，那么你的公司迟早会被赶出买—卖层级结构。取而代之的是拥有更长远愿景的竞争对手。

好消息是，对于那些拥有更长远愿景的企业来说，恢复增长的时机从未像现在这样好。正是因为许多企业认为发展大客户关系是一件令人望而生畏的事情，所以这个领域对那些喜欢挑战的人是开放的。在本书中，我们试图表明，经营大客户虽然从来都不容易，但是必要的，而且是可行的，通过适当的面向流程的方法可以实现。我们鼓励你接受这一挑战，并加入越来越多的领先企业的行列，这些企业正在享受LAMP®优势带来的诸多好处。

客户就是未来

"客户就是你的未来。

——丽莎·纳波利塔诺（Lisa Napolitano）
战略客户经营协会总裁兼首席执行官

在大规模整合和快速全球化的背景下，客户对供应商的要求比以往任何时候都高，因为他们重新思考自己的业务战略，以提供更高的股东回报。对许多组织来说，战略的一个关键组成部分是专注于其核心竞争力，并将其余部分外包出去。这一过程的一部分包括对供应商进行评估，以确定哪些供应商最有助于实现其目标，并重新安排内部流程，专注于与这些供应商的核心关系。通过与更少的供应商结盟，客户希望实现更大的结果问责制、更大的财务透明度和更高的效率。简言之，他们想要更大的控制权。

为了实现这一结果，客户希望核心供应商能够证明具有以下能力：

- 能够影响他们在一系列产品和区域的业务绩效。
- 能够使它们保持财务实力和竞争优势，这意味着公司的长期健康。
- 为客户投资开发一套独特的服务。
- 将客户视为具有战略重要性的伙伴。
- 对特定产品的市场领导地位做出持续承诺。
- 在整个供应商组织中持续提供综合服务。

总之，这些要求改变了获得竞争优势的基本规则——事实上，也改变了在全球经济中生存的基本规则。当客户在相互竞争的供应商中进行选择时，他们实际上决定了你的战略。你的目标不仅仅是被选择，而是有意与未来的市场赢家保持一致。获得市场份额的客户将在他们繁荣的时候带上他们的核心供应商。因此，如果将资源投资于市场失败者，或者让竞争对手与市场成功者保持一致，这对你的公司的未来不是好兆头。

把战略客户当作资产

正确的客户选择无疑是成功的战略客户经营的基础——与所有错误的人一起做所有正确的事情并不是成功的秘诀。通常情况下，短期关注或内部政治决定了哪些客户获得了"关键/主要/战略/全球/企业/伙伴客户"的标签。采用这种方法，许多公司成了未来市场的失败者。

但是，即使供应商在选择战略客户时采用了更严格的标准，它们也几乎总是选择太多战略客户，很少采用资产组合所保证的投资回报率分析。将资源过于平均地分配到太多的客户身上，实际上无法保证为客户增加显著的价值，也无法确保从客户身上获得收入。这种过度扩张导致了客户的商品心态（仅把供应商看作商品供应商）和过于昂贵的覆盖模式。

作为市场赢家的客户不仅购买产品和服务，还购买期望。他们想要的是解决问题和对业务的创造性思考，这需要供应商的全面承诺和整体运营。要实现这些期望需要整个组织的努力，这正是为什么它不仅仅是销售。

战略客户经营协会（Strategic Account Management Association，SAMA）最近对《财富》1000强公司的300名销售高管进行的一项调查表明，选择次优客户组合是一种常见的错位形式。当要求这些销售高管评估他们的战略客户组合时，1/2的人表示，他们公司不到1/3的关键客户可能是长期赢家。更令人沮丧的是，1/3的人表示，50%~75%的关键客户拥有"不确定"的未来或是"长期失败者"。

显然，典型客户组合的状态表明，公司距离真正将客户视为资产还有很长的路要走。要做到这一点，需要董事会的参与、企业范围的变革、长期思考、资源投入以及对关系资本概念的信念。即使是把战略客户经营作为基准来提供帮助的公司，也难以适应这些变化。即使在最有利的情况下，建立跨产品和地区的整体客户关系的综合视图并将你在全球的地位作为整体考虑，也是巨大的挑战。此外，在当下以削减成本和短期关注为特征的具有挑战性的经济环境下，即使是最有关系意识的公司也难以投资所需的资源来满足其最重要的客户日益增长的业务需求。

协同——战略客户经营执行的挑战

在畅销书《执行：如何完成任务的学问》中，拉里·博西迪和拉姆·查兰认为，执行实际上是一种纪律和制度，必须融入公司的战略、目标和文化。如果没有执行，再完美的战略也不过是一场梦——有些人甚至会认为是一场噩梦。高管通常认为，导致他们失眠的不是缺乏战略，而是他们的组织无法执行战略，而且是在他们认为自己已经清晰地表达了战略很久之后仍然无法执行。因此，他们的紧张是可以理解的。据《财富》杂志估计，约70%的失败CEO是因为执行不力而下台的，而不是因为战略思维有缺陷。

为什么执行如此困难？通常，答案在于公司的组织模式。在当今规模更庞大、更复杂的组织中，执行战略需要在无数的职能部门、区域和以产品为中心的业务单元中进行协调。然而，在这样复杂的环境中很难协调一致，因为每天都有成千上万个决策和权衡，这些决策和权衡必须由能够访问不同信息，拥有不同（有时是相互冲突的）目标、责任和问责级别的个人做出。由于无法围绕核心战略进行广泛而深入的协调，导致产生数千个次优决策，这些决策虽然很小，但总体影响巨大。

在战略客户经营领域尤其如此，这可能是当今公司在执行力方面所面临的最严峻的挑战。为什么？因为使公司的整体价值对客户的业务产生影响所需的一致性是巨大的。因此，有效的战略客户经营（Strategic Account

Management，SAM）需要：

1. 确保供应商和客户内多个职能部门的参与和合作。

2. 将不同的利益相关者整合到一个具有共同特征和目的的组织中。

3. 将客户的声音带回组织，并调动全公司范围内的资源来关注客户的声音。

这三个相关的需求加起来就是企业对战略客户需求的响应。然而，本质上以外部为中心的销售组织经常发现自己被需要这样回应的客户期望所麻痹。在试图调动公司资源的过程中，客户经理和他们的团队经常会遭遇冷漠对待、争论优先事项，甚至抵制。这正是尝试发展核心关系失败的地方，因为如果供应商不能或不愿交付，那么所有试图渗透客户以确定新价值来源的工作都是徒劳的。

毫无疑问，实现内部协调的必要性是迫切的。这一事实的一个迹象是，虽然大客户要求购买的产品和服务的公司只有单一联系点，但来自同一家公司的现场销售代表却进入大客户办公室推销同一业务。要成功地实施更集成的思维模式，需要所有对客户有影响的利益相关者的理解和支持。然而，公司往往低估了实现这种内部协调的难度，也不了解公司的架构是如何与之对抗的。

跨越孤岛心态

根据我们的研究，协同的最大障碍是一种孤岛心态，这种心态将组织划分为相互竞争、独立经营的"地盘"。地盘冲突可能出现在业务部门、职能部门或区域之间，而且在许多情况下，这三种情况会同时出现，所以当你试图向客户展示一张面孔时，这些冲突尤其隐蔽。冲突的核心是简单的现实、组织结构或基本的人性，这就是为什么这个问题如此普遍。实体之间的合作通常以明确显示的利益为前提，这些利益不会同时破坏实体忠诚于自己地盘的目标。如果一个实体意识到其权威、目标或关系受到威胁，它通常会做出防御反应，以保护其地盘。

地盘争夺战的具体原因有很多，正确诊断以成功解决是很重要的。

- **资源**：在资源收紧的大环境下，实体之间必须竞争才能分一杯羹。如果一个组织认为合作在金钱、时间或精力方面的成本大于收益，它就会抵制合作。

- **目标**：即使就总体目标达成共识，具体的联合行动仍可能被视为违背组织特定部门的利益，或者阻碍部门、职能或个人目标的实现。

- **区域**：允许另一个实体在自己的区域内经营，通常被视为区域"所有者"没有做好本职工作。共享区域也可能被视为工作重复或对目标客户造成潜在困惑。

- **方法**：尽管就目标达成了普遍共识，但如果一方认为为实现这些目标而提出的方法无效或对组织的其他利益产生反作用，冲突仍可能发生。此外，一个实体如果认为自己拥有某项特定活动或技术，可能不愿意让另一个实体采用"它的"方法。

- **身份认同**：当一个实体认为提议的合作会对公司内外其他实体的看法产生不利影响时，也可能会产生抵触情绪。

- **个人**：因被认为代表政治或组织威胁而受到其他利益相关者厌恶的关键参与者，可能会破坏合作努力。

协调企业对战略客户的响应，需要你的各个业务单元的积极参与，并接受这些业务单元始终存在的事实。任何规模的公司都不可能"一心一意"做出所有必要的交易决策。为了提供可管理的控制范围，并从职能专业化中获益，公司被迫将其组织细分为一种导致错位的模式。跨越孤岛心态的关键是通过承认和理解冲突的起源，并积极促进合作，最大限度地减少随之而来的冲突。这项任务是战略客户经营计划的主要工作，其主要作用是在公司所有部门为客户提供支持。因为这一挑战是普遍存在的，所以即使是渐进式改进也是竞争优势的强大来源。

高管团队在实现协同方面的作用

最大限度地减少地盘问题是SAM计划的一个关键因素，它在实践中发挥作用，而不仅仅在纸面上。另一个是高级管理层的支持，这是克服孤岛心态的关键因素。研究表明，绝大多数从业者强调高层授权SAM计划以真正取得成果的重要性。原因很容易理解。如果没有高管的支持，那些需要重新分配业务部门收入或支出资本的想法很难获得批准。在SAM计划方面发挥积极、可见作用的CEO向整个公司发出SAM计划重要性的强烈信息，这有助于增加计划的可信度和权威性。相反，当高级管理层做出决策或表现出与SAM计划相反的行为时，结果可能是灾难性的。

高管团队可以制定奖励措施，以推动整个公司以客户为中心，也可以采取相反的方法，惩罚那些不遵守规定的人。但两者之中必须有一个到位，否则，客户经理最终将花费更多的时间来解决与战略不一致有关的问题，而不是制定和实施战略。

在最好的情况下，销售组织会持续利用高管团队的权力，而不仅仅是在具有巨大利害关系的引人注目的情况下才使用。当存在相互冲突的议程时，系统和政策并不总是足以防止在处理客户问题方面陷入僵局。这可能需要高层管理人员的全面权威才能消除某些障碍。关键是采用正式的升级流程，以快速、果断和主动地做出响应。

也许高管团队能发挥的最大作用就是直接与客户接触。在高管团队的参与下，战略客户经理可以更有效地向高管层销售，尤其是当他们发现自己在客户组织中受到某人的政治阻挠时。此外，当高管团队以专注的方式与战略客户相处时，通常会产生更多的客户承诺和战略层面的对话。

共享知识创造价值

在知识经济中，管理工作就是创建一个智能组织——一个灵活、有创造力、快速和创新的组织，利用其智力资本为客户增加价值。如今的首席执行官正在听取管理大师彼得·圣吉（Peter Senge）的建议，他在其开创性的著作《第五项修炼》中写道："未来竞争优势的唯一来源将是一个组织所拥有的知识，以及一个组织比其竞争对手更快学习的能力。"首席执行官越来越重视知识管理，并将其作为一项关键的组织能力。在最近的一项研究中，400位首席执行官被要求说出当今影响他们管理决策的最重要趋势。其中88%的受访者认为是知识管理，仅次于全球化，领先于成本降低和供应链管理等传统问题。

为什么CEO如此关注知识管理？因为有效的知识管理可以帮助你通过多种方式为客户增加价值。它可以通过消除冗余、提高质量和生产力、提高客户响应能力和改进决策来提高整体绩效。它还可以通过使所有员工都能贡献创意，并系统地利用全公司的智力资本来推动创新。它甚至可以促进内部协作，从而减少组织内部利益相关者之间的竞争，让每个人都朝着同一个方向——客户的方向前进。这种合作文化可以成为与最重要的客户创造类似氛围的有力工具。

然而，这里存在另一个协同挑战。有效的知识管理是一种文化追求，而不是技术追求。遗憾的是，太多的公司都无法理解，组织是通过协作的人员网络而不是相互连接的技术网络来利用知识的。真正的价值创造不仅取决于在正确的时间获得正确的信息，还取决于公司内部的合作文化。"IT墓地"里到处都躺着公司，这些公司追随高预算、"有远见"的首席信息官，在客户端—服务器领域投资或在新电子邮件系统的道路上前行，却发现人们仍然不想合作共享和开发新知识。一句话：互联互通始于那些想要连接的人。在那之后，工具和技术可以实现连接。

事实是，人们天生具有竞争性，倾向于保护而不是分享他们所知道的。我们认为，我们所知道的是继续为我们提供长期就业的东西。成功的知识管理项目需要改变这种假设，代之以对"网络效应"的理解——这是一条IT规则，即信息共享（网络化）越多，功能就越强大。在一个内部协作组织中，执行基于知识的战略而非管理知识本身；这是关于培养有知识的人，让他们看到赋予同事权力的同时也会赋予他们自己权力。

如果工作环境的文化不支持学习、合作和开放，人们就不会愿意与同事分享信息。但由于知识共享不会自然发生，因此必须对其进行管理、鼓励和奖励。必须通过奖励或惩罚的方式，诱导员工向公司支持的知识库"存款"。

员工还必须了解知识的用途。这意味着在创建一种协作的、以知识为基础的文化时，销售领导者必须在公司的竞争战略和知识支持之间建立明确的联系。圣吉和其他人正确称赞的新形式的智力资本从商业角度来看是毫无意义的，除非它有助于推动更好地为客户服务和击败竞争对手。如果一家公司的基本面不到位，那么所有的企业学习、信息技术和知识数据库都只是代价高昂的消遣。旧的真理仍然是最好的真理：一家公司必须知道它打算提供什么样的价值以及提供给谁。只有这样，它才能以有所作为的方式连接其知识资源。

成为企业家

在当今的销售环境中，客户经理被要求管理所有客户互动，并确保整个团队按时提供高质量的响应和内容，同时被要求在设计更深入和更广泛的客户销售方法方面发挥战略作用。遗憾的是，如今错综复杂的公司结构和关系网已经产生了巨大的协调、一致性和响应问题。AMR Research发现，大多数项目团队大约40%的时间用于日常团队协调活动而非战略销售。

对于战略客户经理或全球客户经理来说，情况更糟。他们苦于如何在更短的时间内以更低的成本取得更大的成果。根据SAMA的一项研究，当团队协调职责使客户经理平均只剩下11%的时间用于销售活动，而只有25%的时间用于所有面向客户的活动时，在更短的时间内以更低的成本取得更好的成果几乎是不可能的。

　　显而易见的是，过去十年盛行的客户经理模式已经不足以满足公司最重要客户的需求。这个新兴角色需要的是任何组织设计都无法实现的，也比任何个人动机都更具激励性。正如SAMA数据所表明的那样，这个角色越来越像企业家。这一角色的出现给协调带来了另一个挑战，但迄今为止人们对这一挑战的了解还很少。

　　事实是，经营现有的客户关系和在该关系中拓展战略业务是相关但不同的活动，需要不同的技能、思维方式和关注点。很少有公司理解这种区别，或者分配足够的资源来同等有效地覆盖这两个重要领域。大多数企业在管理大师加里·哈默尔（Gary Hamel）所说的创建"想象力层级"方面仍然落后。哈默尔断言，企业过去十年的战略意图是"优化"运营——包括客户经营，现在，企业必须更加专注于"创新"和创造客户价值。这需要利用创业的方法来经营战略客户，而这一方法尚未融入许多销售组织。

　　销售研究信托基金会的凯文·威尔逊（Kevin Wilson）博士认为，现在需要的是构建一个"政治企业家"的角色，就像当今领先的全球客户经理一样。他的研究表明，全球客户经理通常经营最复杂的客户，其本质上关注的是识别和利用机会，解决为关系增加价值的问题，以及最广泛意义上的创新——所有这些都是企业家的特征。

　　这些特征对于当今大多数战略客户经理来说并不常见。事实上，它们不是人类的共同特征，也很少是纯粹的智力、努力工作或培训的产物。企业家看到了其他人没有看到的东西，并根据由此得出的见解采取行动，以创造新的价值。此外，在与真正有创业精神的人打交道时也会遇到挑战。研究表明，大多数企业家创办几家企业是因为他们脑子里总是有很棒的新商业想法，但很少在创业阶段就坚持下来并实际经营一家公司，因为这个角色对他们没有吸引力。因此，企业家并不特别适合供应商与客户关系的运营管理。

　　重要的一点是，以关系为导向的公司需要两种类型的经理：一种是擅长日常关系管理的经理，另一种是有创新能力的经理。企业必须认识到这一区别，才能吸引、部署和留住合适的人才，以便可以共同改变与战略客户开展业务的方式。

以客户为中心的使命

当今全球企业村的现实是，这是一个客户的世界。竞争非常激烈，进步的公司发现，留住客户的最佳方法是成为他们客户的一部分。因此，游戏规则的名称是以客户为中心。在今天的商业环境中，任何不足都是行不通的。

如何定义以客户为中心？在战略客户经营协会，我们能够全面了解许多公司的SAM计划。由于SAM计划在其运营的文化、行业和市场环境中是独一无二的，因此很难开出以客户为中心的成功"处方"。然而，当我们检查那些实际为客户服务的SAM计划时，会出现三种模式，都与协同有关。

1. **以客户为中心的高管承诺**：公司的高级管理层必须接受以客户为中心的概念，将其作为竞争优势的驱动力。最成功的战略客户经营方案实际上是公司整体战略的延伸。

2. **以客户为中心的客户经营**：在精英SAM计划中，战略客户经理密切了解客户，并在其组织内充当客户代言人。他们愿意并能够利用组织的资源为客户带来价值。

3. **以客户为中心的组织文化**：需要整个组织的共同努力才能提供客户价值。在有效的SAM计划中，通过充分的激励计划、持续的沟通和增加战略对所有内部利益相关者价值的文化来实现跨职能承诺。

将这些关键因素制度化，企业将获得明显的竞争优势，可以更好地围绕其战略客户创造真正的价值。归根结底，只有这种程度的协作才能有效地推动你与战略客户的关系。以客户为中心是一种你不能不拥有的思维。